LA LOGIQUE

DE

L'ABSOLU

UNE LOI DE L'ESPRIT HUMAIN

ET SA PORTÉE PHILOSOPHIQUE

PAR

Edmond BRAUN

« C'est en vain que l'on espère,
de temps en temps, à travers les
âges, avoir exorcisé le spectre de
l'absolu. Il est là, toujours là, ce re-
venant éternel. »

M. CARO.

PARIS

LIBRAIRIE ACADÉMIQUE DIDIER

PERRIN ET Cⁱᵉ, LIBRAIRES-ÉDITEURS

35, QUAI DES GRANDS-AUGUSTINS, 35

PUBLICATIONS DE LA LIBRAIRIE ACADÉMIQUE

Paris — Imp. G. Rougier et Cie, rue Cassette, 1.

LA
LOGIQUE DE L'ABSOLU

UNE LOI DE L'ESPRIT HUMAIN
ET SA PORTÉE PHILOSOPHIQUE

LA LOGIQUE

DE

L'ABSOLU

UNE LOI DE L'ESPRIT HUMAIN

ET SA PORTÉE PHILOSOPHIQUE

PAR

Edmond BRAUN

« C'est en vain que l'on espère,
de temps en temps, à travers les
âges, avoir exorcisé le spectre de
l'absolu. Il est là, toujours là, ce re-
venant éternel. »

M. CARO.

PARIS

LIBRAIRIE ACADÉMIQUE DIDIER

PERRIN ET Cie, LIBRAIRES-ÉDITEURS

35, QUAI DES GRANDS-AUGUSTINS, 35

1887

INTRODUCTION

La crise philosophique est ouverte aujourd'hui comme l'était jadis la crise de la foi. De même que les philosophes *rationalistes*, depuis plus de deux siècles, se plaisent à faire la guerre aux vérités révélées au nom de *la raison*, ainsi les savants *positivistes* combattent, à l'heure qu'il est, les vérités philosophiques au nom de la *science expérimentale et positive*. Dans les hautes sphères de l'activité intellectuelle, on voit de nos jours trop de penseurs convaincus que la foi, la raison et la science, ces trois suprêmes autorités en matière de savoir humain, sont condamnées à vivre en perpétuel conflit et tendent naturellement à se substituer l'une à l'autre suivant la « loi des trois états. »

La philosophie, disent-ils, était chargée, en son temps, de faire disparaître parmi les hommes les dogmes surannés des vieilles théologies en démontrant l'impossibilité ou l'absurdité du surnaturel; la science expéri-

mentale a pour mission, en notre siècle, de
débarrasser l'esprit humain des entités métaphysiques, en supprimant ou en interprétant *scientifiquement* les questions d'origines et de fins, les causes et les substances.
L'époque de la religion et de la *métaphysique* est passée, c'est maintenant le tour de la
science positive à s'emparer des intelligences et des cœurs et à régner en maîtresse
parmi les générations contemporaines (1).

Illusion suprême! et qui ne trompe que
des esprits prévenus ou superficiels. Les
trois flambeaux de l'intelligence humaine —
la foi, la raison et la science — loin d'éclairer l'un après l'autre, le genre humain à
trois périodes successives de sa marche à
travers les siècles, sont au contraire destinés
à guider *simultanément*, chacun par sa
lumière propre, tous les hommes de quelque
pays et de quelque époque qu'ils soient. Ce
sont comme trois rayons diversement nuan-
cés, émanant d'un même soleil et qui, réunis,

---

(1) Nous lisons dans un livre qui vient de paraître cette
étrange réflexion : « La cause des erreurs de la *théologie*, de
la *métaphysique* et de la scolastique est la même : une illusion subjective, confondant, suivant l'expression de Goering,
une nécessité psychologique temporaire avec une nécessité
permanente qui dépend de l'objet même de la connaissance. »
E. de Roberty : *L'ancienne et la nouvelle philosophie*, p. 254,
Félix Alcan, 1887.

forment ensemble un faisceau lumineux unique, ayant un pouvoir éclairant égal à la somme des rayons eux-mêmes.

Religion, métaphysique, science, sont trois terrains différents à exploiter par l'esprit humain, on ne les supprime pas en contestant la valeur des trois méthodes d'exploitation spéciales respectives : la théologie, la philosophie, l'expérience externe.

Il restera toujours à savoir s'il y a des vérités *révélées* par Dieu quand même certains philosophes rejettent l'autorité de la Révélation au nom de la raison; les questions d'origine et de finalité, de cause et de substance demeureront toujours ouvertes quand bien même certains penseurs méconnaissent l'autorité de la philosophie au nom de la science expérimentale. Mais ces trois domaines, au lieu d'être éloignés l'un de l'autre par des intervalles infinis, se touchent au contraire et leurs points de contact offrent aux intelligences un champ d'exploitation commun. C'est ainsi que l'existence de Dieu ou de la cause première, est à la fois une vérité religieuse et une vérité philosophique; que les substances et les causes sont à la fois objets de la métaphysique et objets de la science.

Il y a là trois ordres de connaissance distincts ayant chacun leurs méthodes et leurs principes propres, mais ce ne sont pas des ordres de connaissance absolument séparés et complètement isolés.

Chaque époque doit en faire l'objet de ses recherches et de ses méditations, chaque siècle doit s'efforcer de les unir en faisant disparaître les conflits apparents qui surgissent parfois entre eux, et l'humanité entière, à tous les âges de la vie, doit puiser dans l'union et l'harmonie de ces trois éléments de connaissance, la force de marcher à travers ce monde vers sa destinée éternelle.

Malheureusement tel n'est pas l'avis d'un trop grand nombre de penseurs et de savants contemporains. Selon eux, la science *seule* est légitime, la science *seule* a droit à l'existence et mérite l'estime des hommes comme étant la *seule* qui ait un objet connaissable et accessible à notre esprit, comme pouvant *seule* suffire à tout et donner des résultats certains sans aucun mélange d'erreurs ni de contradictions (1). Car, « la métaphysique et la religion sont dépourvues de toute réalité objective, » comme nous l'affirme sans ambages un

_____

(1) Voir M. Caro : *Littré et le positivisme*, p. 141.

savant allemand, le professeur Lange (1).
Un autre représentant bien connu de la
science, M. Virchow, déclara, en 1872, au
congrès des naturalistes et des médecins
allemands, que le savant moderne devait
renier la foi séculaire de l'humanité et
renoncer à toute entente avec ceux qui
admettent une âme personnelle, distincte
du corps et surtout avec les sectateurs d'une
religion positive quelconque (2).

En Angleterre le professeur Tyndall fit
des déclarations analogues au congrès de
Belfast où il attaqua toutes les croyances
religieuses et philosophiques. En France la
haute science tient, il est vrai, un langage
plus pesé et plus rationnel, et les attaques
viennent le plus souvent non pas des som-
mets occupés par des maîtres tels que : les
Dumas, les Chevreul, les Pasteur. Mais elles
surgissent des régions moyennes et infé-
rieures et sont, le plus souvent, envenimées
par la passion politique (3). Bref, trop de
représentants plus ou moins autorisés (4) des
sciences physiques et naturelles cherchent

(1) Dans son *Histoire du matérialisme.* Voir *Apologie scientifique* de la foi chrétienne, par Duilhé de Saint-Projet, p. 48.
(2) Voir Duilhé de Saint-Projet, *op. cit.*, p. 55.
(3) *Ibid.*, p. 58.
(4) Büchner se déclare, au nom de la *science*, ennemi de
toute philosophie où le mot « Dieu » signifie une réalité.

1.

aujourd'hui à faire jouer à la science expérimentale un rôle qui ne lui appartient pas
et aspirent à lui donner la souveraineté aux
dépens des droits de la théologie et de
la philosophie, de cette dernière surtout
puisque, disent-ils, la philosophie elle-
même a déjà, en son temps, remplacé la
théologie (1).

Non contents de proclamer et de maintenir l'indépendance de la science dans la
juste mesure reconnue par les deux autres
pouvoirs intellectuels, ils cherchent à la
faire divorcer avec la métaphysique et
privent ainsi l'homme d'une alliance avan-
tageuse, d'un secours considérable pour
son âme et d'une puissante lumière pour son
intelligence. « Il faut renoncer, dit M. l'abbé
de Broglie, à établir entre l'expérience et la
raison cette séparation complète, ce fossé
si profond, cette absolue opposition : la
métaphysique et la science, la raison et
l'expérience sont unies comme l'âme et le
corps. » Elles ne peuvent pas se passer

(1) « Aujourd'hui les sciences ont rompu tout commerce
avec elle (la métaphysique), et revendiquent le *monopole
de la certitude*, non pas qu'elles prétendent à la connaissance totale des choses, mais elles soutiennent qu'au delà
du champ qu'elles explorent, la certitude fait place aux
rêves et aux chimères. » Louis Liard : *La science positive
et la métaphysique*, 2º éd. Avant-propos.

l'une de l'autre, l'une d'elles ne peut être remplacée par l'autre, ce sont deux *cosouveraines* dans le domaine intellectuel. « Dans toutes les recherches, ajoute le même philosophe, dans tous les raisonnements, dans toutes les opérations intellectuelles de la science expérimentale se trouvent mêlées des éléments et des principes rationnels. Sans la raison, l'observation serait impuissante, et comme morte. La métaphysique, d'autre part, doit toujours prendre son appui dans les faits, comme l'âme ne peut se séparer de ses organes et même de ses sensations qui sont la matière sur laquelle elle travaille. Mais de même aussi que l'âme s'élève jusqu'à des actes immatériels supérieurs aux puissances organiques, de même la métaphysique s'élève à la solution des problèmes supérieurs que *la science expérimentale ne saurait atteindre* (1). » Sans doute la limite entre les deux méthodes n'est pas toujours évidente, il importe alors de la tracer non d'une manière arbitraire mais conformément au résultat obtenu par l'étude des faits, et, s'il s'élève des conflits entre les deux pouvoirs — car les conflits sont

(1) *Le positivisme et la science expérimentale,* tome II, p. 428.

toujours possibles entre deux pouvoirs différents — il faut que la conciliation résulte du progrès même de la connaissance humaine.

Les contempteurs de la métaphysique, pour justifier leurs prétentions et donner un semblant de vérité à leurs doctrines nihilistes, ont fort souvent recours à un mot, le plus vague peut-être du vocabulaire philosophique, mot sur lequel tout le monde raisonne aujourd'hui, et que nous trouvons sur presque toutes les pages des livres de philosophie contemporaine, ce mot, c'est : L'ABSOLU.

Quant le positivisme parut, il y a une cinquantaine d'années, on écarta d'abord les problèmes de métaphysique au nom de cette maxime « que nous ne pouvons connaître rien que de relatif », parce que l'*absolu*, disait-on, est inaccessible à notre esprit. Par là, Auguste Comte, s'il faut en croire M. Félix Ravaisson (1), entendait que nous ne pouvons pas connaître des causes, mais seulement des faits en relation avec d'autres faits et ainsi indéfiniment ; des faits, c'est-à-dire des phénomènes tels que

_____

(1) *La philosophie du* XIXᵉ *siècle en France*, p. 56, 2ᵉ édition. — Hachette.

nous les manifestent nos sens. Sous le nom
de cause, le fondateur du positivisme pros-
crivait non seulement la Cause première,
Dieu, mais aussi, entre autres choses, l'âme
humaine.

Voilà donc, du même coup, les deux plus
importants problèmes de la philosophie
écartés, éliminés, mais non assurément résolus ; voilà la métaphysique proclamée inutile et illusoire au nom de l'*absolu* déclaré
inconnaissable et inaccessible à nos facultés
intellectuelles.

Les disciples d'Aug. Comte, parmi lesquels Littré et quelques philosophes anglais,
poussèrent jusqu'au bout le principe du
maître et prétendirent que, si l'on admet les
principes du positivisme, on ne peut même
pas considérer comme une question ouverte
la question de l'existence d'une Cause première, d'une intelligence créatrice et directrice, d'un Dieu, d'une Providence.

La conception positive du monde est
tout autre, selon eux, elle traduit seulement
ce qui est sous ses yeux, et ce qui se révèle à l'observation sensible, un monde de
phénomènes unis par des relations cons-
tantes, un monde d'où sont bannis, avec le
Dieu des vieilles théologies, l'*absolu* et l'in-

fini de l'ancienne métaphysique (1). Par là on voit que le passage de l'abstention à la négation fut bien vite franchi : l'absolu n'est plus seulement négligeable mais il n'existe même pas, et la métaphysique n'est plus seulement illusoire mais elle devient impossible.

Depuis l'apparition de cette nouvelle doctrine l'idée positiviste a fait du chemin. Il y a vingt ans, M. Janet, dans sa *Crise philosophique*, dénonça la philosophie *du relatif*, mais maintenant elle a déjà pénétré dans tous les rangs, envahi toutes les classes de la société et peu s'en faut qu'elle ne s'empare entièrement de la pensée contemporaine. Il existe aujourd'hui, dit M. Caro, « une multitude flottante et toujours croissante de positivistes *d'intention et de fait*, hommes de science, politiques, hommes du monde qui, sans avoir approfondi la doctrine, se sont ralliés à ces deux propositions qu'ils ont nettement saisies à travers les complications et les obscurités de détail et où d'ailleurs se résume la philosophie de l'école :

Exclure la métaphysique,

(1) Voir M. Caro : *Littré*, p. 137.

Et réduire la connaissance à la science positive (1). »

Telle est, selon nous, la grande erreur de l'humanité pensante à l'époque où nous vivons : *Proscription de la métaphysique et absorption de la métaphysique par la science positive*, au nom de *l'absolu* déclaré inconnaissable ou même non existant. Cette nouvelle et étrange doctrine ne refuse pas seulement toute autorité aux sciences morales, en déclarant leur trône vacant, mais elle veut s'y asseoir à leur place. Elle s'empare de tous les problèmes métaphysiques et religieux et elle entend les résoudre.

La philosophie n'est à ses yeux qu'une physique plus raffinée dont les éléments sont identiques. Les idées sont des atomes, la volonté n'est que de la force, l'intelligence que du mouvement. Positivistes et monistes répudient l'immatériel sans plus de façon que le rationalisme n'en avait mis à répudier le surnaturel (2).

Nous voudrions démontrer que cette prétention du positivisme et du naturalisme contemporain est exorbitante et peu fondée, que la tentative de destruction de la méta-

---

(1) M. Caro : *Ibid.*, p. 140.
(2) Voir Duilhé de Saint-Project : *Ibid.* et p. 21.

phy-ique et de sa substitution à la science expérimentale est vaine, *illogique* et en opposition avec la nature de l'esprit humain.

L'histoire de la philosophie en main — car l'histoire est une grande maîtresse — nous prouverons qu'il y a dans l'homme des instincts métaphysiques et religieux, aussi naturels et aussi immuables que les besoins physiques de la respiration et de la nutrition, en d'autres termes nous voulons prouver que *la recherche de l'absolu est une loi constante et indestructible de l'esprit humain* (1).

Est-ce que Aug. Comte et Littré, les deux chefs du positisme français — pour ne parler que de ces deux philosophes — ne sont pas des preuves en quelque sorte vivantes en faveur de notre thèse? Leur retour, sur la fin de leur vie, à quelque métaphysique religieuse ne nous montre-t-il pas que ces instincts, loin d'être « un résidu indissoluble des anciennes civilisa-

(1) « Quand même l'esprit humain voudrait renoncer définitivement à la métaphysique, il est certain qu'il ne le pourrait pas. Vainement on lui conseillera d'abandonner toute recherche sur le premier principe des choses. » Th. Desdoults : *La métaphysique et ses rapports avec les autres sciences*; p. 6. Sur ce même sujet, consulter l'excellent travail de M. Domet de Vorges, *La métaphysique en présence des sciences*. Librairie académique Didier.

tions, une résultante héréditaire des vieilles doctrines, » tiennent au contraire à l'essence même de la nature. humaine et n'en sont que l'aspiration légitime vers quelque chose d'éternel et d'absolu en contradiction avec le positivisme (1).

Que de fois ces deux penseurs n'ont-ils pas dû sentir avec amertume cette disproportion entre leurs instincts et leur doctrine? C'est que la science positive est impuissante à satisfaire les besoins nobles et élevés de l'esprit et du cœur de l'homme, c'est que la loi que nous signalons à l'attention du public pensant portera toujours l'esprit humain, d'une façon irrésistible, et, comme malgré lui, à se mettre d'accord « avec la réalité invisible et le principe transcendant de toute réalité, dernier terme auquel sont suspendues la nature et la pensée (2). »

La logique de l'absolu est telle que la pensée humaine tôt ou tard le cherche et s'y attache. L'état d'indifférence à l'égard de l'absolu lui est antinaturel, c'est un état violent dans lequel il ne peut ni se complaire, ni se maintenir bien longtemps. Telle est la démonstration que nous avons

(1) Voir M. Caro : *Littré*, p. 207.
(2) M. Caro : *Le matérialisme et la science*, préface.

entreprise dans les pages qui suivent, en attendant que nous puissions offrir aux esprits impartiaux et sincèrement amoureux de la vérité le résultat de nos études sur l'absolu lui-même.

E. B.

L'ABSOLU

L'absolu! Qui n'a pas entendu parler de l'absolu dans la philosophie moderne et contemporaine?

L'absolu, quel que soit d'ailleurs le sens particulier attaché au mot, est assurément la notion philosophique la plus importante de l'époque actuelle. L'absolu occupe une très large place dans tous les livres de philosophie sérieuse, constitue le fond de tous les systèmes dignes de considération, et fait l'objet des méditations de tous les esprits habitués à réfléchir, le bonheur ou le tourment des âmes grandes, nobles, généreuses qui aspirent aux choses supérieures.

Dans l'estimable rapport de M. Ravaisson sur la *Philosophie en France au XIX° siècle*, où l'auteur résume les doctrines de la philo-

sophie contemporaine, nous trouvons le mot
« absolu » sur presque chacune des 283 pages
dont se compose ce grand in-quarto. Parmi
les philosophes modernes, les uns admettent,
les autres nient l'existence de l'absolu; quelques-uns le découvrent ici, d'autres le croient
trouver ailleurs; ceux-ci déclarent l'absolu
« inconnaissable », ceux-là prétendent le
saisir directement et en avoir conscience, il y
en a qui soutiennent — et nous sommes de
ce nombre — que nous pouvons atteindre
l'absolu au moyen de nos facultés intuitives et
discursives à la fois, selon qu'il s'agit de tel ou
tel absolu.

En Allemagne, pays de métaphysique à outrance, l'absolu est Dieu et on nous l'a montré
successivement sous trois formes différentes :
Le Moi (Fichte), le sujet-objet, qui produit le
moi et le non-moi (Schelling) et l'Idée (Hegel) !

En Angleterre où les spéculations sur l'u-
tile et l'intérêt l'emportent sur les idées trans-
cendantales, on a proclamé l'absolu, *inconcevable, inaccessible*, et on l'a rejeté dans le
domaine de « L'INCONNAISSABLE », pour en faire
un objet de foi et de croyance.

Chez les philosophes français l'absolu a eu
des fortunes diverses? il n'est ni toujours Dieu

ni toujours l'Inconnu, et si certaine philosophie chasse l'absolu de son trône où il règne en Dieu; la poésie l'y ramène sous le nom d'Infini, d'Idéal. Si la psychologie nouvelle l'exclut de l'esprit humain en tant qu'âme, la morale le réintègre dans son domaine à titre de loi morale ou devoir; si les positivistes et les partisans de « l'universel devenir » lui interdisent l'existence en tant que substance ou cause, la science proteste énergiquement, car elle plonge dans l'absolu et nous fait passer sans cesse du relatif à l'absolu. Seuls les spiritualistes de tous les temps et de tous les pays ont défendu l'absolu à tous les degrés de l'être et de la pensée.

On le voit, l'absolu joue un grand rôle dans l'histoire de la philosophie; autour de l'absolu se livrent constamment des batailles intellectuelles en règle, c'est à qui combattra pour ou contre l'absolu, à tel point que le monde philosophique semble être divisé aujourd'hui en deux camps : les partisans et les adversaires de l'absolu. Il y a d'un côté ceux qui sont pour un Dieu personnel, auteur de toutes choses, pour l'âme distincte de la matière, pour le libre arbitre, la loi morale, l'immortalité personnelle; qui reconnaissent l'autorité de la raison

et la valeur des principes absolus dans le domaine du vrai, du bien, du beau : ce sont les
défenseurs de l'absolu; il y a de l'autre côté
ceux qui rejettent totalement ou en partie ces
vérités dont l'ensemble constitue le vrai spiritualisme, le patrimoine intellectuel et moral
des nations chrétiennes, la base sur laquelle
avait reposé le gouvernement des sociétés jusqu'ici, et qui adhèrent plus ou moins à ce qu'on
appelle la « *philosophie du relatif* » : ce sont les
ennemis de l'absolu.

Cette scission de l'humanité pensante en deux
moitiés, les défenseurs et les ennemis de l'absolu, est le résultat d'un travail lent et sourd
qui s'est fait dans les intelligences depuis Kant
et Hamilton, depuis Hegel et Aug. Comte, elle
apparaît aujourd'hui dans toutes les sphères de
la pensée humaine, et si elle ne revêt pas toujours un caractère nettement accusé, elle se
manifeste du moins à l'état de tendances, d'o-
pinions, d'habitudes mentales. Autrefois on
était théiste ou athée, croyant ou incrédule,
spiritualiste ou matérialiste, idéaliste ou sensualiste, aujourd'hui on est *absolutiste* ou *relativiste*.

Philosophie de l'absolu, philosophie du relatif, voilà donc les deux conceptions philosophiques contraires, les deux manières oppo-

sées de voir les choses, les deux courants
d'opinion distincts qui semblent entraîner le
monde des penseurs et des savants dans deux
sens inverses, et qui par la force des choses,
devront aboutir à des résultats fort différents.
« Cela nous fait prévoir de redoutables conflits, dit encore M. Caro dans son ouvrage sur
Littré et le positivisme, et la paix des âmes
n'est pas plus assurée que celle des nations en
dépit des lois et des prévisions de la sociolo-
gie. » Du triomphe de l'une ou de l'autre de
ces deux sortes de doctrines — qu'on les appelle ancienne ou moderne, traditionnelle ou
nouvelle, transcendante ou positive — devra
dépendre le salut ou la ruine de la société.

Personne ne saurait donc demeurer indif-
férent à cette lutte suprême. Si nous avons
quelque souci des intérêts élevés de notre
temps et de notre pays, nous prendrons un
parti et nous nous mettrons du côté d'où l'on
peut espérer le salut pour la société. Je veux
dire qu'il est de notre devoir de combattre
dans les rangs des partisans de l'absolu. Oui !
c'est autour de l'absolu qu'il faut nous rallier,
car dans l'absolu, les nations puisent la sève
qui les fait vivre, et les individus la force qui
trempe les caractères. L'absolu est la bous-

sole des esprits sincères en proie à la fièvre du doute, il est le repos des belles âmes qui souffrent du malaise social, de « la maladie de l'idéal » dont la France surtout semble être atteinte; l'histoire de Jouffroy en témoigne, et avec ce philosophe on peut appeler « mal du siècle » le scepticisme des âmes sans croyances philosophiques et religieuses.

Telle est donc l'importance de la notion de l'absolu, qu'elle est le point de départ, psychologique et historique, de la division funeste de l'humanité en deux armées ennemies, l'origine de toutes nos querelles et de toutes nos dissensions sur le terrain de la pensée, souvent même de l'action.

Cette haute portée de l'absolu n'a échappé à aucun philosophe. Aristote enseigne que la nature entière est suspendue à l'absolu. Platon, saint Augustin, saint Thomas, et les grands génies du XVIIe siècle parlent de la conception de l'absolu à la vue et à l'occasion du relatif. Dans des temps plus rapprochés de nous, nous voyons Hamilton reprocher à Kant de n'avoir pas encore « exorcisé le fantôme de l'absolu » pour en finir une bonne fois avec lui! Il n'y a pas bien longtemps qu'un philosophe français s'est écrié avec l'accent d'une douleur sincère : « L'absolu est mort dans les âmes, qui le ressuscitera (1)? » M. Schérer s'est trompé : l'absolu est tout au plus obscurci ou affaibli. et il vivra toujours dans les âmes, car, comme dit le pseudonyme Strada (2), l'homme continuera toujours d'être comme assourdi du bruissement et des clameurs éternels et incessants de l'absolu. « Si en perdant la foi, dit encore Jouffroy, j'avais perdu le souci des questions qu'elle m'avait résolues, sans doute ce violent état n'aurait pas duré longtemps : la fatigue m'aurait assoupi, et ma vie se serait, comme tant d'autres, endormie dans le scepticisme. Heureusement il n'en était pas ainsi; jamais je n'avais mieux senti l'importance des problèmes que depuis que j'en avais perdu la solution. J'étais incrédule, mais je détestais l'incrédulité; ce fut là ce qui décida de la direction de ma vie. Ne pouvant supporter l'incertitude sur l'énigme de la destinée humaine, n'ayant plus la lumière de la foi pour le résoudre, il ne me restait plus que la lumière de la raison pour y pourvoir; je résolus donc de consacrer tout le temps qui serait nécessaire et

(1) M. Schérer : *Revue des Deux-Mondes*, 15 février 1861.
(2) Cité par M. Félix Ravaisson, *op. cit.*, p. 159.

ma vie, s'il le fallait, à cette recherche ; c'est
par ce chemin que je me trouvai amené à la
philosophie, qui me semble ne pouvoir être que
cette *recherche même*. »

L'homme ne peut, en effet, ni se débarrasser
ni se passer de l'absolu. Il n'y a pas d'exorcis-
mes qui y fassent, le spectre de l'absolu han-
tera toujours l'esprit humain ; il est son dé-
mon familier en quelque sorte, mais c'est plus
qu'un fantôme, c'est quelque chose de réel qui
existe quelque part et qui poursuit l'homme
sans cesse, ou plutôt que l'homme poursuit et
cherche partout, car il serait trop absurde de
supposer que toutes ces querelles philosophiques, les affirmations d'une part, les négations
d'autre part, n'ont pour objet que le pur néant.
Quand les plus grands philosophes des temps
anciens et modernes, Platon et Aristote, saint
Augustin et saint Thomas, Descartes et Leibnitz,
nous parlent de philosophie, on voit bien que
sous la diversité des formules, ils parlent au
fond de la même chose et que les mêmes problèmes ont surgi dans leur esprit.

Aujourd'hui encore, la question de l'absolu
est agitée sans cesse, et ceux-là même qui affec-
tent le plus de la mépriser ou de la nier, tra-
hissent le plus l'irrésistible besoin de sonder

l'abîme. En voulant donner le dernier coup à nos croyances philosophiques et religieuses ils en démontrent la nécessité. « Spencer se montre à nous, tellement préocupé, obsédé de l'absolu, qu'on pourrait croire qu'il a la vision secrète de la réalité cherchée, en la cherchant toujours (1). »

C'est que l'esprit humain est de telle nature que rien ne peut l'empêcher de chercher un point d'appui aux mondes et aux idées et de dogmatiser sur l'origine et l'essence des choses; c'est que l'homme, sous l'action secrète d'une puissance irrésistible et inhérente à son être, se trouve sans cesse entraîner à pénétrer le mystère de la destinée future, et, cédant à d'indomptables curiosités, franchit, par de vives et puissantes intuitions, les frontières visibles et trop étroites de ce monde pour porter sa pensée inquiète dans les immortelles régions du mystérieux au-delà. C'est que l'homme a besoin d'absolu, c'est que l'homme a soif et vit d'absolu, c'est que l'homme, naturellement métaphysicien et spiritualiste, recherche partout l'absolu, c'est que l'homme, tôt ou tard,

(1) M. Caro : *Revue des Deux-Mondes*, 1er février 1886, p. 512.

qu'il le veuille ou non, se heurtera infailliblement à l'absolu. En un mot, et ce sera là le fond de notre thèse :

La recherche de l'absolu est une loi inhérente et indestructible de l'esprit et du cœur de l'homme.

Mais dans un sujet où règne tant de confusion, où existent tant de malentendus parmi les philosophes contemporains, il est nécessaire de bien définir les termes et de préciser davantage l'état de la question.

Qu'est-ce donc que l'absolu ?

Si nous consultons l'histoire de la philosophie nous voyons que l'absolu comporte plusieurs sens.

Kant, — car c'est à lui qu'il faut faire remonter l'origine de la division du monde philosophique contemporain en partisans et en adversaires de l'absolu, — admet trois absolus, qui sont comme trois points d'arrêt de la pensée, comme les lois nécessaires suivant lesquelles l'esprit conçoit les choses : le *monde*, l'*âme* et *Dieu.* Ce sont les idées de la raison pure, idées purement *subjectives*, qui ne représentent pas les choses telles qu'elles sont en soi, *noumènes*, mais telles qu'elles nous paraissent, *phénomènes.*

Ce demi-scepticisme idéaliste amena Fichte,

disciple de Kant, à supprimer deux absolus pour ne laisser subsister que l'absolu-moi, ou l'absolu-sujet. Selon ce philosophe, le moi est tout : il est le monde et il est Dieu.

Schelling, voulant rétablir les droits de la nature méconnus par son maître Fichte, admit un absolu qui est à la fois moi et non-moi, à la fois sujet et objet, ou plutôt quelque absolu transcendantal, principe antérieur et supérieur à la dualité de l'humanité et de la nature, de l'être et de la pensée, lesquels s'identifient en lui : l'absolu, suivant Schelling, est donc l'*indifférence* ou l'*identité des contraires*.

Hegel, disciple de Schelling, érige l'identité des contraires en loi de l'esprit : tout ce qui est rationnel est réel, et tout ce qui est réel est rationnel. L'absolu n'est plus que l'*idée*, ou pour mieux dire, il n'est pas, il *devient*, et l'être qui devient *est* et n'*est pas* tout ensemble. « L'absolu, selon Hegel, n'est pas sujet à la loi de contradiction, mais il est à la fois un être réel et une synthèse d'éléments contradictoires (1). » Voilà pourquoi l'hégélien Schérer dira plus tard que le vrai, le beau, le

----

(1) M. Ollé-Laprune: *De la certitude morale*, p. 188. Paris, E. Belin.

2.

juste ne sont pas, « mais se font perpétuellement (1). »

Cette débauche d'idéalisme panthéiste dont
l'absolu fit les frais, cette prétendue *science absolue* qui devrait nous expliquer toutes les lois
de l'absolu, amena une réaction et produisit le
positivisme, doctrine tout opposée et que domine « le grand axiome » de la relativité de
la connaissance, en vertu duquel nous ne pouvons absolument *rien savoir* sur l'absolu. Auguste Comte entend ici par absolu, non seule-
lement la cause première, Dieu, mais encore
d'autres causes, telles que les âmes, les esprits,
les propriétés vitales, les affinités des chimistes,
etc. (2).

Le positiviste anglais Herbert Spencer appelle
l'absolu, « l'Inconnaissable, » c'est-à-dire « ce
quelque chose qui est placé au-dessus de toute
science et qui est l'objet de la religion; quel-
chose seulement de mystérieux, d'obscur, sur
quoi on ne *peut avoir aucune lumière* (3). »

Hamilton et son disciple Mansel vont jusqu'à
soutenir que l'absolu, ou Dieu, est *inconcevable*,

(1) *Revue des Deux-Mondes*, 15 février 1861.
(2) Ravaisson : *La philosophie en France*, 2º édit., p. 57.
(3) *Ibid.*, p. 70.

tout en le déclarant *croyable*, c'est-à-dire objet de foi.

Certains spiritualistes voulant relever l'esprit humain de cette déchéance en exagèrent le pouvoir et prétendent que nous avons « l'intuition » de l'absolu (Cousin), « conscience » de l'absolu, que « nous portons en nous l'idée de l'absolu », trésor inné de notre raison (1). On entend par là tantôt l'Infini véritable, Dieu, tantôt une sorte de principe, « quelque chose de fixe et de certain (2) » auquel le relatif se mesure, parfois l'intelligence elle-même.

Beaucoup de philosophes appellent absolu le Parfait ou quelque principe moral ; ainsi Descartes, Berkeley ; et s'il faut en croire M. Ravaisson, « c'est à un absolu en possession de la perfection morale que tendaient en définitive et que vont se terminer les spéculations d'Auguste Comte, de M. Herbert Spencer, comme celle de M. Taine et de M. Renan, celles de M. Renouvier (3). »

Pour Condillac, Destutt de Tracy, Kant et M. Renouvier, l'absolu est surtout la volonté ou la liberté ; pour M. Taine, il est « l'axiome

(1) *Ibid.*, p. 145.
(2) *Ibid.*, p. 224 et 225.
(3) *Ibid.*, p. 118.

éternel qui se prononce au suprême sommet des choses », et quand M. l'abbé de Broglie nous dit (1) que M. Taine « a compris que l'homme a besoin d'absolu, de certitude », l'absolu signifie un criterium de vérité.

M. Janet, en prouvant que les sciences nous font passer du relatif à l'absolu, a en vue les lois et nomme absolu « des rapports fixes, mesurés, *indépendants* de mon propre point de vue, de mes affections et même de ma propre existence (2) ». Tel est aussi le sens adopté par M. l'abbé de Broglie quand il montre que la science des corps n'est que la réduction du relatif à l'absolu : « nous appelons ici absolu ce qui est *indépendant* de nous et de notre esprit (3), » ce serait en un mot, l'*objectif*, ce qui est extérieur à nous, par opposition au subjectif.

On le voit, l'absolu a une foule de sens dans le langage de la philosophie contemporaine, et les objets désignés par cette seule et unique expression « absolu », sont de nature très différente; de là un certain vague dans la dé-

(1) *Le positivisme et la science expérimentale*, II, p. 551 et 519.
(2) *Revue des Deux-Mondes*, mars 1865, p. 496.
(3) *Op. cit.*, II, p. 90.

termination de l'idée; car, comme s'exprime M. Caro à propos de l'absolu, la langue philosophique n'est pas fixée, et « on peut discuter longtemps sur l'absolu, sans savoir de quel objet l'on parle (1). » C'est là une lacune regrettable dans la terminologie de la philosophie actuelle; nous voudrions essayer de la combler et donner ici une définition exacte et précise de l'absolu.

On définit communément l'absolu par l'idée de *relatif*, et l'on appelle absolu « ce qui est sans *relation* ». Nous reprochons à cette définition de manquer de clarté, de justesse et de précision : de *clarté*, parce que le mot relatif, ou relation, qui sert à définir l'absolu, est vague et comporte un grand nombre de sens, comme nous allons le voir; de *justesse*, car le terme opposé à absolu n'est pas selon nous, *relatif* mais *dépendant*; de *précision*, ce défaut découle des deux précédents, puisqu'une définition obscure et non exacte ne saurait nettement préciser l'objet défini, ni le distinguer suffisamment des autres objets.

L'ambiguïté du mot « relation » est évidente, et les partisans eux-mêmes de la relati-

(1) *L'idée de Dieu*, p. 385, 4º édition.

,vité du savoir et de l'agnosticisme l'interprètent chacun à sa façon.

« L'expression « relativité de la connaissance », dit Stuart Mill, comme toutes celles où entrent les mots « relatif ou relation », est vague et peut recevoir un grand nombre de sens »; puis, il en cite quelques-uns (1). Tantôt relation signifie *différence* comme chez l'anglais Bain, tantôt *sensation* comme chez Berkeley; ailleurs la relation consiste dans la *représentation* que les choses font naître en nous, ou dans les *propriétés* dont nous revêtons les corps. Spencer fait de la relation des *modes* suivant lesquels le monde extérieur fait impression sur nous; il admet l'existence des choses en soi (l'absolu), mais elles sont inconnaissables à nos facultés. Auguste Comte entendait par relatif ce qui n'existe qu'à la *condition* d'une autre chose et en certaine proportion avec elle (2). Relation veut encore dire *phénomène*, c'est-à-dire les impressions que les objets réellement existants font en nous, la nature intime de la chose nous restant inconnue. Con-

(1) Stuart Mill: *Philosophie de Hamilton*, p. 4 et sq. Trad. ranç. de M. Cazelles.

2) Cf. Ravaisson, *loc. cit.*, p. 56.

cluons en disant : autant de philosophes, autant de manières d'interpréter le sens des mots « relation » ou « relatif ».

Non seulement ces expressions n'ont pas de signification précise et déterminée dans le langage philosophique; mais elles sont loin d'être justes et d'indiquer une vraie opposition entre l'absolu et son corrélatif, de telle sorte que la négation de l'idée de relatif en général nous suggère immédiatement celle d'absolu.

Et d'abord, que nous enseigne l'étymologie à ce sujet? Absolu veut dire ce qui est délié, sans lien, libre, *absolutum*, ἀπόλυτον. Le contraire d'absolu, toujours suivant l'étymologie, est donc ce qui est lié, attaché, *dépendant* : *dependere*, être suspendu, et non pas « relatif », expression qui indique un rapport *quelconque*, de dépendance ou autre. Par conséquent nous définirons l'absolu « *ce qui est indépendant, ou sans dépendance* (1) ».

L'idée de lien, de dépendance, suffisamment

(1) M. Vallet, tout en croyant que le contraire d'absolu est le relatif, fait entrer dans ces notions l'idée de *lien*. « Pour bien comprendre l'absolu, examinons son contraire, le relatif est un être si nécessairement *lié* à un autre, qu'il ne peut ni exister, ni même être conçu sans cet autre être. » *Le Kantisme et le Positivisme*, p. 80.

claire en elle-même, n'a pas besoin d'interprétation, et tout le monde comprend que ce lien
peut être ou intellectuel, ou moral, ou physique, suivant le genre d'absolu dont il est question. Justifions notre manière de voir par l'autorité de quelques philosophes.

En parlant de la substance, saint Thomas
dit : *Proprium est substantiæ esse simpliciter*,
et il ajoute : *Esse autem simpliciter est esse ABSO-
LUTUM non dependens ab esse alterius sicut ei
inhærens, licet omnia dependeant a Deo sicut a
causa prima.* Commentant ce texte, le P. Kleutgen dit : « En tant qu'un être, distinct de tous
les autres, peut exister en lui-même et pour
lui-même, il possède un être *indépendant*, et
sous ce rapport il est *absolu* (1). » Dans le passage que nous avons cité plus haut, M. Janet
appelle les lois — qu'il considère comme absolues — des rapports fixes, mesurés, « *indépendants* de mon propre point de vue. »
M. l'abbé de Broglie définit également ce
genre d'absolu : « ce qui est *indépendant* de
nous et de notre esprit. » Selon M. Ollé-La-

_____

(1) Le P. Kleutgen : *La philosophie scolastique*, Tome II,
123. Saint Thomas : *De natura materiae*. Opusc. 32,
8.

prune, la cause absolue (Dieu) est celle qui se trouve « libre de toute relation de *dépendance* » (1). M. Ravaisson, sans précisément vouloir donner une définition de l'absolu, affirme qu'il faut, pour constituer la métaphysique, montrer « que l'absolu est *indépendant* du physique, du sensible, du contingent » (2). De même M. Charles, expliquant les rapports des créatures vis-à-vis de l'absolu (Dieu), s'exprime ainsi : « Les êtres créés sont relatifs à lui, c'est-à-dire *dépendants* (3). » M. Caro, voulant expliquer ce que les spiritualistes entendent par l'absolu de l'être, quand ils désignent Dieu, le nomme « cause, substance qui ne *dépend* d'aucune condition » (4), et, selon M. Derepas, « quand on dit : Dieu, c'est l'absolu, on affirme sa souveraine *indépendance* (5) ». Terminons cette liste de citations par le texte d'un philosophe de renom, M. Rabier : « L'absolu, dit-il, exclut toute relation qui serait une relation de *dépendance* par rapport à autre chose ; mais il n'exclut en rien la relation par

---

(1) *Op. cit.*, p. 187.
(2) *Op. cit.*, p. 187.
(3) *Lectures philosophiques.* Tome 1. p. 206. 1re édition.
(4) *L'idée de Dieu*, p. 386.
(5) Gustave Derepas : *Les théories de l'inconnaissable*, p. 66.

laquelle d'autres choses sont *dépendantes* par rapport à lui (1). »

A la raison étymologique et à l'autorité des philosophes nous ajouterons le poids des avantages que retirerait la philosophie contemporaine de la manière de définir l'absolu telle que nous la proposons.

Disons-le tout de suite : nous sommes bien loin de croire que l'absolu, défini par l'idée d'inpendance, nous fasse connaître tous les attributs ou qualités essentielles de la chose que l'on veut désigner : il suffit, pour que l'on ne s'y méprenne pas, que le mot en indique quelque caractère distinctif. Il ne faut pas demander à la notion d'absolu ce qu'elle ne contient pas, elle exprime seulement une qualité de l'objet, essentielle sans doute et souvent la plus importante, mais d'autres notions peuvent venir compléter celle de l'absolu et achever de nous donner de la chose une idée plus parfaite : pourvu qu'une notion soit claire et distincte, il n'est pas nécessaire qu'elle soit adéquate. Ainsi les notions d'Infini, de Parfait, d'Être nécessaire, de Cause première, expriment d'autres attributs qui conviennent égale-

(1) *Leçons de philosophie.* Tome I, p. 480.

ment à l'Etre absolu, Dieu, et nous le montrent
sous d'autres aspects, directement désignés par
ces divers termes, mais en appelant Dieu simplement l'Être absolu, je n'ai en vue que sa
souveraine indépendance.

Ce n'est pas qu'il faille, selon nous, bannir
le mot « absolu » du vocabulaire philosophique
pour cause d'insuffisance ou d'obscurité; ce que
nous demandons, avec M. Caro, c'est qu'on l'explique. « Tous ces mots: l'*absolu*, l'infini, l'i-
déal, dit l'auteur de l'*Idée de Dieu*, ont besoin
d'être interprétés. Je ne les repousse pas, je
veux qu'on les explique. Aucun d'eux ne dit
assez clairement, par lui-même, que Dieu existe
autrement qu'en idée, qu'il existe en réalité,
qu'il agit, qu'il vit. Tous semblent au contraire
introduire dans l'esprit la notion d'un principe
plutôt que celle d'un être, d'une loi plutôt que
d'une réalité. La philosophie spiritualiste a eu
le tort de se complaire dans ces abstractions,
qui ensuite, à certain jour, se sont retournées
contre elle (1). »

Mais s'il règne tant de confusion autour de
l'absolu, si on a été amené insensiblement à
se servir d'une dénomination unique pour ex-

(1) P. 386.

primer des choses si différentes, c'est qu'on a vu dans ce simple mot, « absolu », une idée commune, un caractère général qui convient à la fois à tous les absolus, de quelque nature qu'ils soient. Quelle est-elle, cette idée commune, cette qualité essentielle qui fait le fond de tout absolu, abstraction faite des idées particulières qui les différencient l'un de l'autre, en un mot, qu'est-ce qui distingue ce qui est absolu de ce qui ne l'est pas?

C'est, croyons-nous, ce quelque chose de fixe, de permanent, d'immuable, de libre par rapport à autre chose qui est changeant, passager, variable, *déterminé*, soit dans le monde physique, soit dans le monde moral. C'est, par exemple, l'Être nécessaire, la substance, le principe, les corps extérieurs, relativement à l'être contingent, au phénomène, à la vérité expérimentale, à nos facultés intellectuelles. C'est à peu près l'*ens simpliciter* des scolastiques comparé à l'*ens secundum quid*. L'idée d'absolu, loin d'être *négative* comme le prétend Hamilton (1), est parfaitement positive. Stuart Mill et Spencer, eux-mêmes l'avouent. « Cette affirmation,

(1) Hamilton reproche à Kant de n'avoir pas une bonne fois « exorcisé le fantôme de l'absolu ». Pour lui l'absolu n'est qu'une pseudo-idée.

dit ce dernier, que de ces deux termes contradictoires (relatif et absolu) le négatif n'est que
la suppression de l'autre, n'est rien de plus que
sa négation, cette affirmation, dis-je, n'est pas
vraie... Dans la notion de l'illimité, la conception des limites est abolie, mais non celle
d'une espèce d'être (1). Aussi la notion d'absolu se forme dans notre intelligence par l'élimination, par la négation de la relation de dépendance dans une chose vis-à-vis de quelque
autre chose, mais en niant la dépendance d'un
être on en affirme un certain mode d'existence.
C'est ainsi que nous nous faisons une idée d'un
roi absolu en disant qu'il ne dépend pas, dans
ses actes, d'une constitution qu'on lui aurait
imposé, que son pouvoir n'est pas restreint, lié
entravé par certaines lois. D'où il suit que
l'existence d'un élément négatif dans une conception n'est pas nécessairement, comme s'exprime Stuart Mill, une conception absolument
vide et négative (2).

<hr>

(1) *Les premiers principes*, p. 79. — Voir Stuart Mill :
Philosophie de Hamilton, p. 57.
(2) Aussi bien trouvons nous fort étrange ce que dit
M. Fouillée : « La notion d'absolu, notion d'ailleurs *indéter-
minée* et *indéterminable* en elle-même, exprime simplement le
fait que toutes les choses par nous senties et connues
comme belles ou bonnes ont des limites nécessaires et ne
sont pas tout. » *Revue des Deux Mondes*, 15 juillet 1882, p. 411.

En excluant de l'absolu toute idée de *dépendance*, de sujétion, d'entrave, par conséquent d'infériorité, de faiblesse, de variabilité, notre esprit le conçoit avec un caractère de grandeur, de puissance, de supériorité, de fixité, de permanence, en un mot, avec une marque distinctive plus ou moins importante, avec une qualité plus ou moins essentielle, suivant la nature de l'être ou des êtres, suivant l'étendue de leur action, ou suivant le degré d'importance de l'objet, le genre d'idées, etc., dont nous disons l'absolu *indépendant*. Si, par exemple, je définis Dieu, en tant qu'absolu : l'être qui *existe* ou *peut agir indépendamment* de tous les autres êtres actuels ou possibles, je comprends tout de suite qu'il est l'Être incréé, qui ne tire son origine *d'aucun autre être, ens a se*, qu'il est l'Être libre par excellence qui n'est entravé dans ses actions par nul autre être. Deux éléments ont contribué à la formation de mon idée sur l'Être absolu, Dieu : le concept *d'indépendance* et celui de *l'universalité des êtres présents, passés ou futurs*. Sans doute, ma notion n'est pas encore complète, mais je connais du moins deux qualités esentielles de Dieu : son *aséité* et sa *liberté souveraine*, desquelles je pourrai déduire les autres attributs moyennant un simple raisonnement. Ce que nous venons de dire au sujet de l'Être absolu convient également à tous les autres objets dits absolus, *mutatis mutandis* : l'idée que nous nous faisons de tel absolu varie suivant la nature, le degré, la portée de son indépendance.

Il résulte de cette courte analyse du concept de l'absolu que dans une définition exacte et précise d'un absolu quelconque on devra faire entrer : 1° l'idée d'indépendance ; 2° la désignation de la chose ou des choses dont il est dit indépendant.

La relation d'indépendance nous fait distinguer l'absolu de *ce qui ne l'est pas*, c'est en quelque sorte le *genre prochain*, séparé des autres genres « relations » qui sont plus éloignés.

L'indication des choses ou des idées dont tel absolu est indépendant nous le fait distinguer des *autres absolus*, c'est la *différence spécifique* au moyen de laquelle nous jugeons de la nature, du degré, de l'étendue de l'indépendance dévolue à chaque absolu, et par suite de l'espèce d'absolu dont il est question.

Et d'abord, c'est en excluant le genre prochain de leur définition de l'absolu que les *relativistes* et les *agnosticistes* ont réussi à faire accréditer le prétendu grand axiome de la relativité du savoir et la doctrine de l'agnosticisme (1).

L'absolu (Dieu), disent-ils, est l'Être qui n'a pas de relations, mais comme nous ne connaissons que du relatif, l'absolu demeure inaccessible à notre esprit. « L'absolu est sans relations » ; entendons-nous : sans relation de dépendance, *oui* ; sans relation aucune avec le monde et l'homme dont il est l'auteur et le conservateur, la providence (comme Hamilton, Mansel et d'autres relativistes nous l'accordent), *non.*

En effet, autre chose est de dire que Dieu a des relations de cause à effet, de supérieur à inférieur, de gouvernant à sujet, avec l'univers qu'il a créé, qu'il gouverne et mène à sa fin — la création, étant un acte libre, ne le prive nullement de son indépendance ; — autre chose est d'affirmer que l'être absolu est sans relation de dépendance avec d'autres êtres que lui, qu'il ne dépend d'aucun autre être soit quant à son existence, soit quant à sa nature,

(1) On sait que l'*agnosticisme* est la théorie de l'abstention systématique et de la résignation volontaire à l'ignorance sur tout ce qui touche au *suprasensible.* — Voir M. Caro. *Revue des Deux-Mondes*, 1er février 1886, p. 485.

soit quant à son opération. Au premier sens
Dieu a des relations, au second sens seulement,
il est exempt de relations et mérite d'être
appelé absolu. Le raisonnement des positivistes
et des partisans de la relativité repose donc sur
une équivoque, partant ils ne sont pas autorisés
à en conclure que nous ne pouvons rien savoir
sur l'absolu.

Mais, dira-t-on, soit, Dieu est l'être souverainement indépendant, or comme nous ne connaissons que des êtres dépendants les uns des
autres, Dieu demeure toujours pour nous
« l'Inconnaissable ». — Distinguons de nouveau. Que nous ne puissions connaître Dieu par
intuition ou par l'*expérience sensible*, nous le
concédons volontiers, mais que de dépendance
en dépendance nous ne puissions remonter à
l'être absolu, qui n'est plus dépendant d'aucun
autre être, et en démontrer l'existence réelle,
c'est ce que nous nions absolument. Nous nous
élevons, dit M. Rabier, « par la négation absolue de tout rapport de *dépendance*, à l'idée
d'un absolu définitivement ou *absolument absolu*(1) ». Ce n'est pas le lieu ici de donner la preuve
de cette possibilité, contentons-nous de dire que

(1) Rabier : *Op. cit.*, I, p. 404.

3.

d'ores et déjà on peut voir à quelle mince proportion se réduit la valeur du fameux axiome
de la relativité, pour peu qu'on se donne la peine
de peser la valeur même des mots.

En second lieu, c'est faute d'avoir suffisamment indiqué les choses et les idées dont tel
absolu est indépendant que certains philosophes semblent confondre Dieu, l'âme, la raison,
un absolu avec autre absolu. Puisque malheureusement le même terme désigne des objets si
différents de nature, besoin est de les distinguer
les uns des autres par des caractères *spécifiques*.
Quand, par exemple, on vient nous dire que
tout converge vers l'absolu, qu'il y a de l'absolu
en nous, que nous avons conscience de l'absolu,
l'intuition de l'absolu, ces propositions peuvent
sans doute être vraies, à condition toutefois
qu'on les interprète et les explique. L'absolu
peut ici signifier ou Dieu, ou l'âme, ou la liberté, ou la raison ; la méprise est facile et de
fait elle a lieu trop souvent. Mais qu'on nous
montre de quoi tel ou tel absolu est indépendant, notre esprit saisira immédiatement et la
confusion deviendra impossible.

Dans cette proposition : « il y a de l'absolu
en nous », il peut être question ou de *l'âme*
comme substance, ou de *la raison* ou du *libre*

arbitre. Voulez-vous parler de l'âme humaine, substance spirituelle, dites que c'est cet être qui existe, demeure partout et toujours en nous, *indépendamment* des phénomènes de sensations, de pensées, de volitions qu'il manifeste.

Est-ce la raison que vous avez en vue, ou, comme on l'appelle quelquefois, la faculté de l'absolu, des notions premières, des principes premiers? dites qu'elle est la faculté de notre âme d'avoir des notions, des vérités ayant un caractère fixe, invariable et qui ne sont nullement *dépendantes* des circonstances de temps, de lieu, de personnes, de l'expérience sensible, contrairement aux notions et aux vérités contingentes.

Si c'est au libre arbitre que vous avez songé en affirmant qu'il y a de l'absolu en nous, montrez qu'il est question du pouvoir qu'a l'homme d'agir *indépendamment* ou du moins sans être sous l'entière dépendance de son tempérament, de ses inclinations, de ses passions, de ses habitudes prises, de certaines circonstances extérieures telles que le milieu, le climat, l'époque, ou quelque *fatum* imaginaire.

Voilà comment, en montrant la différence spécifique de l'absolu, on pourrait écarter de la philosophie contemporaine ces nombreux et funestes malentendus qui contribuent tant à discréditer la métaphysique et éloignent certains esprits, d'ailleurs distingués, de cette science à la fois si utile et si élevée.

Il importe cependant de remarquer ici que tel absolu, pour être indépendant de tel objet, peut ne l'être pas comparativement à un autre absolu. Ainsi l'âme est *absolue* par rapport aux phénomènes qu'elle manifeste, elle ne l'est pas par rapport à Dieu dont elle dépend quant à son existence. De même l'absolu « *objectif* », les corps et leurs phénomènes qui sont en dehors de nous ont un caractère absolu si nous les envisageons comme indépendants du subjectif, c'est-à-dire de nos facultés, bien que, par exemple, la chute d'une pierre ne soit pas *absolue* si je compare ce phénomène à la pierre dont il dépend: sans mobile, pas de mouvement.

D'où il suit que pour une bonne définition d'un absolu quel qu'il soit, il est important, né-cessaire, de prendre, comme différence spéci-fique, ce quelque chose en raison de quoi il peut être appelé absolu et possède un caractère absolu *parce qu'il en est indépendant.* Autrement on risque d'appeler absolu ce qui en définitive ne l'est pas, ou du moins ne l'est pas dans les conditions où vous le déclarez tel.

D'ailleurs, la différence spécifique, non seulement nous aide à distinguer les divers absolus les uns des autres, mais aussi à pénétrer plus avant dans la nature de tel absolu, ainsi les phénomènes sensibles, intellectuels et moraux par lesquels l'âme se révèle — et dont elle est dite indépendante — nous donnent une idée plus complète de ce qu'est l'âme elle-même.

Mais, répétons-le en terminant notre analyse de l'idée de l'absolu, l'expression d'absolu ne saurait remplacer d'autres expressions qui sont presque équivalentes, comme l'Infini, le Parfait, le Nécessaire, la Cause première, également applicables à Dieu. A ce propos il peut être utile et intéressant de citer les différents sens de l'absolu que Stuart Mill énumère dans son fameux chapitre sur Hamilton et Cousin (1).

1° Absolu peut signifier *achevé*, mais *fini* et *limité*, et alors il y a opposition entre l'absolu et l'infini. « Par exemple, affirmer un minimum absolu de la matière, c'est nier la divisibilité de la matière; » il y a là une *limite* absolue. C'est dans ce sens aussi que M. Emile Burnouf appelle l'atome absolu, « puisque étant

(1) *Op. cit.*, p. 46.

infiniment petit il est la *limite* de l'étendue et
que toute limite a pour caractère d'être absolue. Le mode aussi est absolu à sa manière
comme *limite* du temps (1). » Il est clair que
cette signification de l'absolu — que d'ailleurs nous rejetons — ne saurait convenir à
Dieu.

2° *Achevé*, mais *parfait* et non *limité*. Entendu
ainsi, l'absolu est compatible avec l'infini. C'est
l'être doué d'une puissance et d'une perfection
infinies (Cousin, auquel nous ajouterons Descartes et les spiritualistes).

3° *Ce qui est sans relation en général.* Dans ce
sens, l'absolu c'est, comme dit Hamilton, « ce
qui est en dehors de toute relation, *comparaison, limitation, condition, dépendance,* etc. »
Stuart Mill ajoute fort bien : « Alors l'absolu
a non pas un seul sens, mais plusieurs. »

4° *Ce qui est indépendant de tout autre chose.*
« Dans ce quatrième sens, comme dans le troisième, continue Stuart Mill, l'absolu représente
la négation d'une relation; non pas la négation
d'une relation en général, mais d'une relation

----

(1) Emile Burnouf. *La vie et la pensée*, p. 328. Paris, Rein-
wald, 1886. .

particulière exprimée par le mot effet; l'absolu
est ici synonyme de cause première. »

5° Dans une note (1), Hamilton parle d'un
cinquième sens, composé du premier et du
troisième. Dans ce cas, l'absolu serait ce qui
est hors de relation en tant que *fini, parfait,*
achevé. Nous ne voyons pas comment conci-
lier ensemble les termes de fini et de parfait,
car fini est synonyme de *limité* et exclut la
perfection puisque Hamilton l'oppose à l'infini.
D'ailleurs Mill même se demande si cet absolu, composé « de l'idée de fini et d'achevé et
de l'idée d'être hors de toute relation », peut
avoir un sens intelligible.

Il va sans dire que nous n'admettons d'autre
interprétation légitime de l'absolu que la quatrième : *ce qui est indépendant de toute autre*
chose. Nous rejetons tous les autres sens
comme : l'infini, le parfait, la cause première,
le nécessaire; ainsi que toutes les idées de relations, telles que : comparaison, limites, conditions, effets (2). Non pas que ces expressions
ne puissent convenir, les unes à l'être absolu,

(1) Cf. Stuart Mill. *Op. cit.*, p. 47.
(2) M. Rabier appelle l'absolu : l'*Indépendant*, le *Nécessaire*,
l'*Infini*, le *Parfait*. — *Op. cit.*, p. 62.

les autres à d'autres absolus; mais, ou elles ne
rendent pas l'idée propre, particulière, unique,
renfermée dans le mot *absolutum*, ou elles sont
trop vagues (1) : que de sens, par exemple, n'a
pas la simple relation appelée condition (2)?

L'être absolu, c'est-à-dire souverainement
indépendant, est sans conteste la cause *première*. On nous accordera, d'une part, qu'il ne
peut y avoir deux êtres souverainement indépendants; d'autre part, que pour expliquer l'existence des êtres *dépendants*, il faut, en vertu du
principe de raison suffisante, remonter jusqu'à
l'*indépendant* et lui attribuer l'origine de ces
êtres, d'où il suit qu'il est cause première.
Toutefois, en appelant Dieu l'être absolu et
souverainement indépendant, je n'ai pas en vue
les êtres qu'il a pu créer et qui sont effets par
rapport à lui, je le considère seulement en lui-
même *dans sa nature*, et je me dis : Un pareil
être, s'il existe, ne peut tirer son existence
que de lui-même, *ens a se* (3); et quand il

(1) « On se plaît d'ordinaire à rapprocher, et même à
identifier *l'absolu et l'infini*. Mais la précision des idées et
du langage exige que ces deux notions soient séparées et
distinguées avec soin. » Louis Liard : *La science positive et
la métaphysique*; 2ᵉ édition, p. 301.
(2) Voir à ce sujet Stuart Mill. *Op. cit.*, p. 62.
(3) « N'est-ce pas la dépendance la plus étroite et l'es-

agit, il est souverainement libre dans ses opérations. Que l'on puisse par abstraction séparer les idées d'absolu et de cause, c'est ce
que Stuart Mill, lui-même avoue : « Les causes,
dit-il, n'ont-elles pas une existence possible en
dehors de leurs effets? Le soleil, par exemple,
n'existerait-il pas s'il n'y avait ni terre, ni pla-
nètes pour recevoir ses rayons (1)? Il en est de
même des idées de parfait, d'infini, de nécessaire, appliquées à l'absolu ; elles nous font connaître Dieu sous son triple aspect de perfection,
d'infini et d'existence nécessaire, mais cette
connaissance a lieu en vertu des trois termes
mêmes de parfait, d'infini et de nécessaire, et
non en vertu de l'expression d'*absolu*.

De tout ce que nous venons de dire il nous
sera permis de conclure qu'il ne faut attacher
au mot « absolu » qu'un *seul* sens, parce que
vi termini il nous suggère la seule idée d'indépendance. Si cependant nous voulions caractériser d'un mot vraiment philosophique, l'ensemble des perfections divines de l'Être absolu,
nous irions le demander à la sagesse antique

clavage le plus lourd que de tenir l'être d'autrui ? L'indépendant existe donc par soi ; il est *l'absolu*. » L. Liard, *op. cit.*,
p. 304.
(1) Cf. *Op. cit.*, p. 107.

et nous dirions avec l'ange de l'École : *Deus est actus purus.*

Conformément aux idées que nous venons d'exposer, nous allons *définir* et *énumérer* les différents absolus qui constituent en quelque sorte le crédo philosophique du spiritualisme chrétien et traditionnel. On peut les réduire à trois principaux : *L'Être absolu, le moi,* et le *non-moi,* en d'autres termes, *Dieu, l'âme* et le *monde extérieur.* S'il fallait leur donner un nom technique nous les appelerions volontiers :

Absolu théologique,

Absolu psychologique,

Absolu objectif.

Mais l'âme est intelligence et volonté, de là deux autres absolus :

1° L'un, *l'absolu noologique* ou faculté de l'absolu, la raison, qui a pour objet, ou les données de la raison, c'est-à-dire les notions premières et les principes premiers métaphysiques, objectifs (absolu *ontologique*) ou les principes premiers logiques (absolu *logique*) ;

2° L'autre, *l'absolu moral,* c'est-à-dire *la liberté, la loi morale* et *l'immortalité personnelle.*

Quant à l'absolu *objectif,* il comprend :

1° L'objectivité des notions ;

2° La réalité extérieure et objective du monde.

Tableau des absolus.

ABSOLU THÉOLOGIQUE : L'Etre absolu ou Dieu,

ABSOLU PSYCHO-LOGIQUE.	*Noologique..*	*Ontologique*	Notions premières. Principes premiers objectifs.
		Logique ...	Principes premiers subjectifs.
	Moral......		La loi morale, la liberté, l'immortalité personnelle.
ABSOLU OBJECTIF ...			L'objectivité des notions. La réalité extérieure et objective du monde.

Définissons chacun de ces absolus.

L'absolu théologique, — Dieu, — est l'Être absolument absolu, *indépendant* de tout autre être, actuel ou possible, soit quant à son existence, soit quant à sa nature, soit quant à son opération.

L'absolu psychologique, — l'âme humaine,— est la substance simple, immatérielle et spirituelle qui existe, demeure toujours et partout en nous, *indépendamment* des phénomènes de sensations, de pensées, de volitions qu'elle manifeste.

L'absolu noologique, — la raison, — est la faculté de l'absolu qui nous fournit ce qu'on appelle les données de la raison, les notions premières, les vérités premières ou principes directeurs de la connaissance, c'est, en d'autres termes, la faculté de notre âme d'avoir des notions et des vérités absolues, c'est-à-dire ayant un caractère fixe, invariable parce qu'elles sont *indépendantes* des circonstances diverses de temps, de lieu, de personnes et ne varient nullement avec elles comme les notions et les vérités contingentes.

C'est le *principium cognoscendi* des scolastiques.

Si l'on a en vue les notions premières, les *prima intelligibilia* de saint Thomas, telles que l'être, la substance, la cause efficiente, le vrai, le beau, le bien, le devoir, etc., etc., ainsi que les vérités premières qui en découlent, comme le principe de substance, le principe de causalité, le principe de raison suffisante, tous principes dominant l'induction et *indépendants* des lois de l'antécédent et du conséquent, des rapports de concomitance, des associations indissolubles, des habitudes héréditaires, de l'universel devenir, si l'on en a vue, dis-je, ces notions et ces vérités premières, fondement de nos

connaissances, nous leur donnerons le nom de :
Absolu ontologique.

S'agit-il du *principe du raisonnement* par excellence, le principe de contradiction, tellement absolu que sa négation est la mort de toute pensée, principe *indépendant* de l'union des contraires, de l'identité des opposés, des rapports de concomitance, nous l'appelerons :
Absolu logique.

L'absolu moral a pour objet l'activité, la volonté humaine qui se distingue par deux caractères absolus : la *liberté* et l'*obligation morale.* Nous y rattachons l'*immortalité* qui s'adresse à la personne humaine entière.

La liberté (libre arbitre) considérée comme absolue est le pouvoir qu'a l'homme d'agir, de se déterminer à tel ou tel acte, *indépendamment,* ou du moins sans être sous l'entière dépendance de son organisation physique, de son tempérament, de ses passions, de ses habitudes prises, de certaines circonstances extérieures, telles que le milieu, le climat, l'époque ou quelque fatum imaginaire.

L'obligation morale est absolue en ce que l'homme, libre, connaissant la distinction du bien et du mal, est tenu, obligé d'agir suivant les prescriptions de la loi morale gravée dans sa conscience, *indépendamment* de l'utilité, de la sympathie, de l'altruisme, des habitudes héréditaires, des différentes circonstances de temps ou de lieux.

L'immortalité personnelle a un caractère absolu en ce que l'âme, toujours identique à elle-même, peut exister et existera, après la mort, *indépendamment* de son corps auquel elle survivra. Son existence sera *indépendante* du temps, car elle vivra indéfiniment soit seule, soit réunie à son corps.

L'absolu objectif ou la réalité du non-moi, est tout objet qui existe *indépendamment* de l'impression qu'il fait sur nous; de là :

L'objectivité des notions, c'est-à-dire l'existence *réelle* des objets désignés par les idées et *indépendante* de nos facultés qui les appréhendent :

La *réalité extérieure* du monde qui est en dehors de nous, du monde, soit spirituel, soit corporel, qui a une existence *indépendante* des impressions qu'il fait sur nos facultés mentales ou sur nos organes, la réalité de tout ce qui n'est pas moi, en un mot.

Dans tout être réel, concret, — personne ou chose, — on peut distinguer l'existence et l'opération. Considéré comme *existant*, indépendamment des phénomènes qu'il manifeste, cet être est absolu et s'appelle : Substance.

Considéré comme *agissant* et produisant, en vertu des forces qu'il possède, un phénomène *indépendamment* de ce phénomène qui *est agi*, produit, cet être est encore absolu et porte le nom de : Cause.

La cause est *transiente* quand le phénomène sort de la substance, par exemple, le soleil qui produit la chaleur. Elle est *immanente* quand le phénomène reste inhérent à la substance dans laquelle il existe et par laquelle il a été produit, comme cela a lieu pour nos actes internes.

Maintenant que nous avons donné la définition de l'absolu et la nomenclature des principaux absolus dont se compose le patrimoine de la philosophie spiritualiste traditionnelle, il nous sera plus facile de faire comprendre à nos lecteurs le véritable caractère de la lutte philosophique qui est engagée aujourd'hui dans les hautes sphères de l'intelligence et l'énorme portée de la division actuelle de l'humanité pensante en défenseurs et en adversaires de l'absolu.

En religion, que voyons-nous ? D'une part un ensemble de vérités qui constituent la théodicée ou la théologie naturelle, la croyance en un Dieu réel et vivant, cause première, intelligente, personnelle, consciente, distincte du monde et de la série de ses effets, l'Être absolu, absolument indépendant de tout autre être ; — d'autre part, plus de théologie, mais l'histoire des religions ; plus de dogmes, mais des opinions religieuses, un Dieu abstrait et indéterminé, le divin, « la catégorie de l'Idéal », c'est-à-dire, la forme fugitive sous laquelle chaque peuple s'est imaginé Dieu ou quelque sentiment relatif et changeant qu'inspire à tel individu l'idée de Dieu.

En psychologie, les uns admettent une âme distincte du corps, substance simple et spirituelle, impérissable, centre des phénomènes de conscience, principe de toutes les idées *a priori* et expérimentales : — les autres, ou bien ne s'occupent que des seules manifestations internes et prétendent faire de la psychologie sans âme, ou bien désagrègent et altèrent la substance de l'âme pour en faire la résultante des cellules de l'organisme et d'une multitude d'éléments conscients, ou bien encore nient l'existence d'une force centrale dans l'esprit humain, en expliquant l'innéité des principes par la seule expérience, par la loi de l'association et celle de l'hérédité, par l'éducation, les milieux, les races, les actions réflexes.

En ontologie, les absolutistes reconnaissent des choses en soi et des notions premières, certaines idées absolues et universelles, essentielles à la vie intellectuelle et morale, telles que les idées d'être, de substance, de cause, de bien, de devoir, etc., des principes premiers objectifs tels que ceux de raison suffisante, de causalité, de substance, applicables surtout dans la recherche du vrai considéré en dehors de notre esprit; — les relativistes rejettent la chose en soi, le noumène et n'admettent que des phénomènes, prétendent que le vrai, le beau, le bien ne sont pas, mais se *font perpétuellement*, remplacent les premiers principes par des lois tirées de l'expérience sensible, telles que la loi de l'antécédent et du conséquent, des associations indissolubles, des habitudes héréditaires, de l'évolution universelle en vertu de laquelle toutes choses se transforment, les unes dans les autres, au milieu du perpétuel devenir, confondent enfin l'ontologie et la logique en proclamant l'identité de l'être et de la pensée, du réel et du rationnel, de l'objet et du sujet.

En logique, on admet dans le premier camp qu'il y a du vrai absolu, on y enseigne les lois

4

suivant lesquelles il faut penser, et on soutient
que la première condition, condition absolue
et nécessaire de la pensée pour atteindre la
vérité est de ne pas se contredire ; dans le camp
opposé, on nie la valeur des axiomes logiques,
du syllogisme et du raisonnement, car on affirme que les idées n'ont entre elles que des
rapports de concomitance, et nullement de
dépendance, on proclame tout haut que les
jugements absolus sont faux, qu'il n'y a ni vérité ni erreur, mais qu'il n'existe que des
nuances et des degrés d'une vérité partielle,
que la contradiction, loin d'être la mort de
toute pensée, est le signe même de la vérité,
qui peut être vraie ou fausse à la fois, et qui,
pour être vraie, a besoin d'être complétée par
ses contraires.

En morale, c'est d'un côté [le libre arbitre,
la loi absolue du devoir, gravée au fond de la
conscience, loi qui commande à tous, en tout
lieu, en tout temps, et, par conséquent, la res-
ponsabilité pour chacun de ses propres actes
devant un juge suprême dans la vie future ; —
d'un autre côté ce sont l'utile, l'intérêt particulier ou général, les passions, la sympathie,
l'altruisme, le tempérament, le climat, les
conventions qui sont érigés en règles des

actions humaines; l'homme, selon cette manière de voir, n'agit pas librement, mais il est
déterminé à l'acte, fatalement en quelque sorte
par toutes ces diverses influences, en un mot,
c'est le règne de l'arbitraire, du caprice, du
relatif substitué à l'obligation absolue.

Dans l'art et *dans la littérature*, nous rencontrons les partisans de l'idéal, ceux qui croient
au beau absolu, qui défendent les principes
éternels de l'art, les règles invariables du bon
goût et en font l'application, soit dans la composition, soit dans la critique des œuvres d'art;
— en revanche, nous avons les adversaires irré-
conciliables et dédaigneux de tout idéal et de
toute règle. Pour eux il n'y a pas de grands
siècles littéraires, plus de littératures classiques
pouvant servir de modèles aux générations
futures. Tout chef-d'œuvre, s'il faut les en
croire, n'exprime qu'un moment de l'esprit universel, comme tout fait n'exprime qu'un moment
de la réalité universelle, dans la succession fatale et mobile des choses. De là la substitution
de la critique à l'histoire, c'est-à-dire de la
discussion du mérite intrinsèque des œuvres
d'art et de littérature à l'explication des créa-
tions poétiques et littéraires par l'influence des
races, des milieux, du climat, des traditions;

de là aussi la substitution d'un jugement moral qui absout ou condamne les faits à une analyse purement expérimentale qui ne vise qu'à les comprendre et à les absoudre en les ramenant sous leur loi (1).

En politique, il y a, d'une part, les hommes de principes, les esprits à convictions fortes et inébranlables qui croient que l'humanité a ici-bas un but à poursuivre, une destinée à atteindre, laquelle ne sera complètement réalisée que dans un autre monde; — il y a, d'autre part, les hommes dont la seule politique est celle des expédients, les esprits légers et frivoles, qui ne croient qu'au succès, au fait accompli, à la force et aux yeux desquels le mouvement de la société en progrès n'est qu'une agitation sans lumière et sans objet.

Cette double tendance se manifeste même sur le terrain de *la science positive*. Un grand nombre de savants reconnaissent dans la nature, non pas seulement du mouvement et des lois, mais des forces ou causes actives, et non pas seulement des forces transformées les unes dans les autres, mais des forces de *nature différ·*

(1) Voir M. Caro : *Études morales*, passim.

rente, irréductibles les unes aux autres, telles
que l'affinité, la vie, l'instinct, la pensée ; ils
croient à une matière créée, non éternelle, à
un plan préconçu par une intelligence supérieure, divine ; — en face de cette catégorie de
savants ont surgi ceux qui prétendent qu'il n'y
a dans la nature qu'une seule force dont les
manifestations diverses constituent toutes les
autres forces, une substance unique, *l'atome ;*
une loi naturelle unique, perpétuellement
agissante, donnant raison de tout ce qui est,
de l'origine et du développement infini de
toutes choses, car, selon eux, les choses sont
dans un perpétuel écoulement, il n'y a point de
principe propre de la vie et un principe propre
de la pensée, tout se transforme, tout change,
tout devient conformément à la loi de l'évolution
universelle.

En vérité, c'est là un étrange spectacle, bien
digne d'attirer l'attention de tout homme sincèrement amoureux de la vérité, du bien, du
vrai progrès de l'humanité, et qui a quelque
souci des intérêts élevés de la société humaine.
Laquelle de ces deux philosophies, si radicalement opposées l'une à l'autre, est la véritable ?
laquelle est la plus conforme à la nature même
de l'esprit humain ? Dans ce conflit des intelli-

gences il y a tort, il y a erreur d'un côté ou de l'autre, il n'y a pas de solution moyenne entre la vérité absolue et l'erreur absolue. Le tort est-il donc chez les spiritualistes qui sont demeurés fidèles à l'absolu et le défendent à tous les degrés de l'être et de la pensée, ou bien chez leurs adversaires, quels qu'ils soient, qui ont fait défection à l'absolu en tout ou en partie?

Voilà ce qu'il importe de savoir, voilà sous quelle forme se pose le problème à coup sûr un des plus grands de l'heure présente.

Nous avons pris à tache de résoudre ce problème *ainsi envisagé* et nous voulons montrer dans cette étude que les partisans de l'absolu, que les penseurs qui proclament l'existence de l'absolu partout où il apparaît, que les spiritualistes, dis-je, ont raison contre les représentants et les adeptes de la philosophie du relatif, contre les novateurs qui professent les doctrines négatives et nihilistes. Nous verrons, *par le témoignage de l'histoire de la pensée humaine*, que des deux philosophies aujourd'hui en présence, le spiritualisme traditionnel et chrétien est le système *le plus logique*, comme étant le plus conforme à la nature même de l'homme, car il faut bien nous résigner à prendre l'homme tel qu'il est ; nous ne pouvons changer ni les lois de la pensée ni le fond du cœur humain, pas plus que nous ne pouvons établir de modification *essentielle* dans l'organisme du corps et faire en sorte, par exemple, que l'homme puisse percevoir des sons avec ses yeux. L'objet de ce travail sera donc de prouver, non par des considérations tirées de la nature même de la pensée ou des choses, non par l'expérience rationnelle ou sensible — ce qui fera la matière d'une étude à part — mais *par des faits vérifiables de l'histoire de la philosophie*, par les seuls témoignages des grands penseurs des temps anciens et modernes, que l'homme, parmi tous les êtres de la nature, possède un caractère distinctif qui est le besoin d'absolu, qu'il y a en lui des instincts métaphysiques et religieux, instincts aussi naturels et indestructibles que le besoin de nourriture et de respiration chez l'animal, qu'en un mot, *la recherche de l'absolu est une loi constante et indestructible de l'esprit et du cœur de l'homme.*

Nous procéderons à la manière des physiciens qui tirent leurs lois des faits par lesquels se manifestent les forces ou causes actives de la nature physique, et nous formulerons notre loi d'après les faits par lesquels se révèle l'actitivité du principe pensant de l'homme. Notre induction sera fondée sur l'observation, et sera, il nous semble, suffisamment légitimée par la méthode inductive.

Quand les savants se proposent de déterminer par cette méthode une loi de la nature physique, comment s'y prennent-ils? Conformément au précepte de Bacon, ils doivent dresser trois tables : une table de présence, *tabula præsentiæ*, où l'on note toutes les circonstances qui accompagnent le phénomène étudié ; une table d'absence, *tabula absentiæ*, où sont marquées celles qui font défaut en même temps que lui; une table de comparaison, *tabula comparationis* où l'on enregistre celles qui croissent ou décroissent en même temps que lui et comme lui. Dans certains cas, il suffit d'une des trois tables pour établir la loi.

Tel est le procédé que suivent les hommes de la science dans la formation des lois physiques ou physiologiques. Stuart Mill en a fait les trois méthodes de *concordance*, de *différence* et des *variations concomitantes*.

Cette méthode sera aussi la nôtre, *mutatis mutandis,* dans la détermination de la loi de la pensée humaine concernant l'absolu. Nous emploierons la méthode inductive des savants en l'interprétant librement, car il s'agit ici de choses intellectuelles et non sensibles et véri- fiables par l'expérience externe. Notre marche sera donc celle des plus purs positivistes, quand ils constatent les faits et leurs lois; les faits nous seront fournis par l'histoire de la philosophie, la loi sera formulée d'après le procédé inductif et expérimental.

Si donc nous réussissons à prouver, l'histoire en main, que l'immense majorité des représen- tants autorisés de la pensée humaine, que les chefs de toutes les grandes écoles philosophi- ques ont constamment dans leurs spéculations et dans leurs systèmes, poursuivi ou défendu quelque objet transcendant, quelque absolu — *tabula præsentiæ*, méthode de concordance; — que les penseurs indifférents ou hostiles à l'ab- solu ne peuvent rester dans cet état suspensif ni se contenter du relatif, *tabula absentiæ*, mé- thode de différence; — que dans toutes les branches du savoir humain, dans toutes les sphères de son activité, la pensée philosophique cherche, en tout lieu et en tout temps, un point d'appui dans quelque absolu, *tabula compara- tionis*, méthode des variations concomitantes; si nous arrivons, dis-je, à établir cette preuve, personne ne pourra contester la légitimité de notre conclusion à savoir : *que la recherche de l'absolu est une loi de l'esprit humain.*

PREMIÈRE PARTIE.

I.

L'ORIENT.

L'*Orient*, berceau de l'humanité, nous offre le spectacle d'un souci continuel de la métaphysique et de la religion.

Dans l'*Inde*, les premières écoles philosophiques, connues sous le nom de Mimansa, se bornèrent à l'interprétation *des Védas* ou livres sacrés qui forment une sorte de recueil d'hymnes et de préceptes. Le Védanta, ou second Mimansa, n'est même autre chose que la doctrine sur Dieu, une théologie dogmatique du brahamisme. Parmi les philosophes qui rejettent plus ou moins l'autorité des Védas, le sensualiste Kapila admet l'âme qui est un des principes des choses, reconnaît trois sources de connaissances : la perception, l'induction et le témoignage, ainsi que vingt-cinq principes qui composent l'ensemble de la science. Patandjali reconnaît un Dieu en qui l'âme doit s'absorber;

Gotama, qui nous a laissé le système *nyâya*, s'occupa surtout de logique, crut à une âme suprême, créatrice et ordonnatrice de toutes choses. Kanada, auteur du système vaïceshika, philosophie atomistique, admet l'existence d'une âme immatérielle, distincte des atomes et des corps; il résume toutes les notions suprêmes en six catégories générales : la substance, la qualité, l'action, le commun, le propre, la relation. Sakya-Mouni ou Bouddha, pour qui l'existence sensible est une illusion, accorde à l'âme une existence immuable dans le nirvâna, repos absolu, qui constitue pour elle un bonheur. Donc, chacun des philosophes indiens a fondé son système sur un absolu, et l'on peut dire que le caractère de la philosophie indienne n'est pas d'abaisser l'être absolu et de l'identifier avec les créatures, mais plutôt de faire absorber celles-ci dans l'Être absolu.

En Chine nous retrouvons, au début de la philosophie, ce qui apparaît à la tête de tous les systèmes anciens, ce quelque chose d'incompréhensible qu'on ne conçoit que comme le support de tout ce qui est, le *grand comble*, pour parler le langage des Chinois, ou le ciel (Tien), sur lequel tous les êtres appuient leur existence, Dieu enfin. Ce grand comble, impénétrable à l'intelligence humaine n'est pas un principe aveugle, il est *raison* et *loi*, et comme tel se manifeste à l'homme ; il est créateur et conservateur de toutes choses, et les êtres qu'il a créés se composent de deux principes subordonnés, l'un actif, l'autre passif. Telle est du moins la doctrine de l'Y-King, ou livre des transformations, un des plus anciens monuments littéraires de la Chine. Le Chou-King ou livre des *Annales* parle de la Providence en termes très clairs. Lao-Tseu, commentateur des Kings (livres) et qui vivait vers le milieu du vi° siècle avant l'ère chrétienne, admit comme premier principe des choses la raison (Tao), mais sous les attributs qu'il lui donne, on reconnaît facilement Dieu, lui-même. Confucius (Koung-fou-Tseu), autre commentateur de la même époque voulant faire revivre l'ancienne doctrine, s'occupa surtout de morale et fonda tout son système sur *l'absolu* du devoir, loi universelle, immuable, obligatoire et émanant de la raison de Dieu qui est Sagesse et Providence. Ce philosophe fut aussi amené à dire que la puissance productrice du ciel et de la terre est la perfection et que le Parfait est le commencement et la fin de tous les êtres.

Chez les Celtes et les Gaulois, nous trouvons

un Dieu suprême, unique et tout-puissant :
Esus (terrible), qui s'appelait aussi l'*Inconnu* ou
l'*Infini*. Ces peuples crurent également à la volonté libre et à l'immortalité, deux des caractères absolus de l'âme. Les peuples *germains* et
scandinaves admettaient les mêmes doctrines,
un Dieu, maître de tout, existant par lui-
même, la liberté de l'homme, les récompenses et les châtiments de la vie future.

Tout le monde sait qu'en *Perse*, Zoroastre,
fondateur des doctrines religieuses et philosophiques de ce pays, proclame l'existence de
deux principes premiers : *Ormuzd*, principe
du bien, pensée qui a produit le monde; et
Ahriman principe du mal et des ténèbres. Ormuzd seul est vraiment Dieu éternel, infini et
créateur de tout. Ahriman n'est qu'un être
fini et créé. On sait aussi que le Dieu des *Égyp-
tiens* fut Ammon, Dieu sans nom, d'où procèdent Kneph ou la raison, et *Ptha*, le feu ou
l'âme de monde. Au sommet du panthéon égyp-
tien plane l'être suprême et primordial, car le
monothéisme fut la forme primitive du culte
des anciens peuples de l'Égypte. Il est hors de
doute qu'ils croyaient l'âme immortelle, re-
connaissaient dans l'homme un principe distinct de la matière. En Chaldée, le Dieu Ur

(Our) domine tout. Les émanations des dieux
et des démons procèdent de *Bélus*; selon M. Le-
normant, Bélus (maître, seigneur) était primi-
tivement le Dieu unique, principe immatériel
et intelligent de tous les êtres. Le Baal des
Phéniciens résume aussi en lui l'unité absolue
et la domination suprême, mais ces différents
noms donnés plus tard à Baal désignèrent peu
à peu des divinités distinctes. Ce peuple croyait
aussi à l'existence d'une âme immortelle.

Nous pouvons passer sur la religion et la
philosophie *des Hébreux* chez lesquels les notions d'un Dieu personnel, Être absolu par
excellence, les principaux dogmes philosophiques et les vérités absolues du spiritualisme,
ont été conservées bien mieux que chez aucun
autre peuple de l'antiquité. En résumé on peut
dire qu'à l'origine nous trouvons un même
fonds de vérités philosophiques, plus ou moins
altérées par l'imagination des peuples à travers
les siècles. Ces vérités sont les mêmes partout :
un Dieu, intelligence suprême, créateur et
souverain maître de tout, la liberté de l'homme,
la distinction du bien et du mal, l'immortalité
de l'âme, et par suite les récompenses et les
peines dans une autre vie. Le fond de l'esprit
humain est partout le même.

II

LA GRÈCE

L'esprit philosophique dans la Grèce et dans ses colonies, commence à se développer au sixième siècle avant Jésus-Christ. Dans ce petit pays comme en général chez tous les peuples, la pensée humaine chercha au début à se rendre compte de l'origine des principes des choses, et se posa la question la plus générale de toutes, celle de savoir de quoi se compose l'univers. Fait remarquable qui met parfaitement en évidence l'identité des lois de l'esprit humain et qui prouve incontestablement, que l'homme abandonné à sa spontanéité cherche à trouver le côté immuable, absolu de toutes choses; le phénomène, le relatif ne lui suffit pas.

Pour Thalès, cité comme l'un des sept sages de la Grèce, l'élément primitif du monde est l'eau, mais Dieu, qui n'a pas eu de commencement, est l'âme qui de l'eau forme tout; pour Anaximène c'est l'air, auquel il attribue l'immensité, l'infinité, le mouvement éternel; pour Héraclite c'est le feu, qui se raréfie ou se condense, mais le monde est rempli d'âmes et l'âme est en rapport avec la raison divine et connaît l'universel et le vrai. Anaximandre, cherchant à s'élever à une notion plus abstraite, substitua à l'eau élémentaire de Thalès, quelque chose d'absolument indéterminé qu'il appela τὸ ἄπειρον, l'indéterminé, le chaos primitif, où s'agitent des éléments doués d'un mouvement éternel et qui constituent l'univers. Anaxagore, le premier qui se fixa à Athènes, refusant à la matière toute énergie interne, conçut une substance spirituelle et intelligente, νοῦς principe un, indépendant, premier moteur de la matière. Selon saint Thomas, il affirme l'existence d'une cause efficiente, supérieure au monde matériel. Son disciple Archelaüs donna des leçons sur les lois, le beau, le bien. Empédocle, qui vivait vers le milieu du v° siècle, ajouta un quatrième élément, la terre, aux trois autres déjà nommés, l'eau, l'air, le feu; mais il croit que tout sort d'une unité première, le dieu sphérique, σφαῖρος et cette unité, pour lui, est non seulement intelligence, mais aussi amour.

L'école de Pythagore, qui florissait dans la grande Grèce en même temps que l'école d'Ionie en Asie Mineure, reconnut pour principe des choses, les nombres, l'unité *absolue*, l'immuable qu'elle désigne sous le nom de monade, synonyme de l'être principe ou de Dieu. L'école d'Elée admet avec Xénophane un seul Dieu supérieur aux dieux et aux hommes, qui n'a ni commencement ni fin (car rien ne se fait de rien); avec Parménide elle part de l'idée d'être *un*, immuable, immobile, absolu et arrive même à absorber le Monde dans cet Être. Son poëme sur la nature est une métaphysique, suivie d'une physique. Zénon et Mélissus vont jusqu'à affirmer que rien ne peut exister en dehors de l'être en soi, de l'unité absolue. Leucippe et Démocrite, représentants de l'école atomisique, par réaction contre les théories trop exclusives de l'école précédente, rejettent l'unité infinie pour y substituer la pluralité des principes matériels; mais, il faut bien le remarquer, ces principes, atomes en nombre infini, sont *éternels*, *indivisibles*, *absolus* parce qu'ils se meuvent éternellement d'eux-mêmes.

Nous arrivons aux sophistes. Il semble, que nous soyons ici en face des vrais prédécesseurs de nos théoriciens contemporains, partisans de la philosophie du relatif. Protagoras prétend que l'homme est la mesure de toutes choses et qu'il n'y a que des vérités relatives, dépendantes du

sujet pensant : Ἄρθρωπος πάντων μέτρον. Selon Gorgias, il n'y a point d'être en soi ; y eût-il un
être en soi, il ne pourrait être connu ; s'il pouvait être connu, il ne pourrait être exprimé.
Les sophistes appuient leur doctrine sur le fameux axiome d'Héraclite, πάντα ῥέει, tout coule,
devenu la base de la doctrine de l'évolution
universelle. Or, Héraclite lui-même n'était pas
sans admettre quelque absolu. C'est Sextus
Empiricus qui nous l'affirme : « Ce qui est cru
universellement est *certain*, car cette croyance
est empruntée de la raison commune, et divine (1). » Les sophistes ont par conséquent
tort de fonder leur genre de scepticisme sur la
doctrine d'Héraclite, car ce philosophe admettait l'existence de la vérité absolue, d'une âme
humaine, immortelle, éternelle, et d'un feu
invisible, vivant, intelligent, éternel et divin.
Il est vrai, chez les sophistes, le scepticisme ne
revêtait pas le caractère d'un sombre désespoir
de la raison qui se suicide, il n'en était, d'après
eux, qu'un frivole mépris. Aussi se servaient-
ils de l'intelligence comme d'un jouet, et of-
fraient-ils à la jeunesse grecque, avide de spec-
tacles et de jeux, le futile spectacle d'une gym-

(1) Sextus Empiricus : *Adv. Logic. lib. VIII.*

nastique intellectuelle en soutenant alternati-
vement le pour et le contre. Il est donc permis
de ne pas prendre au sérieux ces baladins philosophiques qui ne venaient chercher que des
satisfactions à leur orgueil et à leurs cupidités;
leurs vaines déclamations, n'ayant d'autre but
que le plaisir et la richesse, ne sauraient constituer l'ombre d'un argument contraire à notre
thèse.

C'est l'honneur et la gloire de Socrate d'avoir
montré le ridicule et le néant de tous les so-
phismes de Protagoras et de Gorgias. Il fit voir
que l'objet de la science est le général et non
le particulier, c'est-à-dire ce qu'il y a en chaque chose *d'invariable, d'universel, d'absolu,* et il
enseigna en même temps la méthode pour arriver au général, procédant par voie de comparaison, d'induction et de généralisation. Mais
s'il s'occupe d'établir les vrais fondements de
la science, c'est surtout en vue de la morale.
Pour lui, l'essence, l'absolu de l'homme, c'est
l'âme intelligente et libre, et Dieu dont il démontre l'existence au moyen des causes finales
est particulièrement une Providence.

Les principes posés par Socrate donnèrent
naissance à trois écoles qui prétendirent toutes
interpréter le Maître, et qui en réalité ne firent

que défigurer sa doctrine. Antisthène, fondateur de l'école cynique, admit en principe l'idée de vertu, souverain et absolu bien de l'homme; mais au fond ce n'était que la sauvage exaltation de l'égoïsme. Selon les cyniques, le bonheur ne consiste ni dans le plaisir sensible, ni dans la connaissance du vrai bien, mais dans l'imitation de Dieu par la pratique de la vertu. Aristippe, chef de l'école cyrénaïque prêcha la philosophie du plaisir et, malgré ses négations de toute croyance, soit philosophique, soit religieuse, reconnut au moins un absolu, l'âme. Cette doctrine amena promptement le dégoût de la vie, si bien qu'Hégésias, disciple d'Aristippe, conseilla ouvertement le suicide. Une troisième école socratique, qui eut à sa tête Euclide de Mégare, enseignait que le souverain bien est *un*, sous des noms différents, et qu'il s'appelle tantôt sagesse, tantôt Dieu. La subtilité de l'école mégarique fut telle que ses représentants finirent par tomber dans la sophistique; de là leur surnom de *disputeurs* ἐριστιϰοί.

Platon au milieu des phénomènes complexes et relatifs de ce monde, cherche partout l'absolu, c'est-à-dire, le vrai en soi, le beau en soi, le souverain Bien, les types éternels, les lois

5.

d'après lesquelles Dieu a conçu et exécute
toutes choses. Dieu est le bien souverain, il
résume en lui toutes les idées; il est éternel,
immuable et absolu comme les idées; il est
aussi le principe de toutes les intelligences;
l'âme est immortelle. Il est superflu de s'ar-
rêter sur la doctrine de ce grand et brillant
génie.

L'idéalisme un peu excessif de Platon est
corrigé par le réalisme d'Aristote, le métaphysicien par excellence de l'antiquité. Pour lui
la philosophie est la science des êtres envisagés
précisément dans leurs principes ou leurs
causes. Des hautes notions, des principes généraux de logique et d'ontologie du fondateur du
Lycée, découle un vaste système qui embrasse
les questions les plus élevées sur le monde, l'âme,
Dieu. Tout être réalisé est ou substance ou ac-
cident. La substance des corps est composée de
deux principes, l'un passif et indéterminé, la
matière, l'autre actif et spécifique : la forme.
L'âme, d'après Aristote, est l'entéléchie spirituelle d'un corps organisé ayant la vie en puissance. Dieu est la cause supérieure, l'Être nécessaire, mais plutôt le principe moteur qu'un
Dieu moral ou providence. S'il n'admet pas,
comme Platon, le bien en soi, il place le bon-

heur dans l'action dirigée conformément à la
raison et à la vertu.

Les écoles principales qui régnèrent depuis
Platon et Aristote jusqu'aux Alexandrins s'at-
tachèrent, chacune en particulier à un seul
des grands points de vue qu'avaient embrassés
les systèmes platonicien et péripatéticien. Épicure mit le bonheur dans le plaisir du repos,
opposant aux plaisirs du mouvement (ἡδονὴ ἐν
κινήσει) d'Aristote, le plaisir stable ou plutôt immobile (ἡδονὴ καταστηματική). Il admet l'existence de l'âme, quelque chose d'invisible et d'in-
saisissable, mais pas son immortalité, et les dieux
pour lui, ne sont que de vains fantômes ima-
ginés par l'homme. Ne serait-ce pas là un vrai
relativiste? Non, car il s'attache à un absolu,
le mouvement *éternel*, par conséquent *absolu*,
qu'il accorde aux atomes; il leur reconnaît
même une certaine spontanéité qui se traduit
par le pouvoir de décliner de la ligne droite.

Zénon, chef du stoïcisme poursuivit également un but moral dans ses spéculations philosophiques. Il faut vivre conformément à la
nature, c'est-à-dire réaliser l'ordre et l'unité
dont la nature nous donne le modèle. Car Dieu
est raison; l'âme du monde est aussi ordre,
justice, sainteté, et bonté. Dieu est un feu in-

telligent, sage et raisonnable; il fait tout un
avec le monde qui est *éternel*. Suivant la doctrine des stoïciens la vie est une lutte de la
liberté contre les passions, seulement ils ont
tort de vouloir détruire les passions au lieu de
les maîtriser. De là leur grande maxime : ἀνέχου
καὶ ἀπέχου, *sustine et abstine*.

Les représentants de la moyenne et de la
nouvelle académie, Arcésilas et Carnéade, voulant continuer la doctrine de Socrate et de
Platon, n'aboutirent qu'au probabilisme. Ils
attaquèrent le dogmatisme de Zénon et pro-
clamèrent qu'il n'y a pas de vérité pour l'esprit humain, mais seulement de la vraisemblance. Remarquons que les probabilistes
oublient que la vraisemblance suppose la vérité.
En effet, la première condition d'une solide
théorie de la probabilité est une théorie de la
certitude. Or, qu'est-ce que la probabilité sinon
une mesure, et comment mesurer sans unité?
Carnéade cependant s'attache à prouver qu'entre
une perception vraie et une perception fausse
il n'y a pas de limite saisissable; l'intervalle
étant rempli par une infinité de perceptions
dont la différence est infiniment petite. Il alla
jusqu'à combattre les axiomes mathématiques
et par conséquent le principe de contradic-

tion, ce qui n'est autre chose que la négation de la raison et conduit tout droit au
scepticisme absolu et universel. C'est ce qui
arriva aussi, car on n'échappe pas à la logique
par l'inconséquence. L'école académique proprement dite périt avec Carnéade. Enésidème,
vers le milieu du dernier siècle avant Jésus-
Christ, reproche aux nouveaux académiciens
leur inconséquence, en ce qu'ils accordent à
la vraisemblance une autorité qu'elle ne mérite pas. Il soutient, lui, que tout est également
faux et également vrai, et il donne dix époques
ou motifs de douter de toutes choses (δέκα τρόποι
ἐποχῆς).

C'est par l'ἐποχή que Pyrrhon, contemporain
d'Alexandre le Grand, avait essayé d'échapper
à cette contradiction. Y a-t-il une vérité absolue ? N'y a-t-il pas une vérité absolue ? Il n'affirme rien, il ne nie rien, il n'en sait rien ; il
faut, selon lui, s'abstenir, ἐπέχειν. Pyrrhon part
des antinomies de la raison spéculative, ἀντιθέσις
τῶν λογῶν et arrive en les constatant à l'οὐδὲν
μᾶλλον, rien n'est ceci plutôt que cela. Dans la
science, il prêche le doute, dans la vie pratique
l'indifférence.

Le pyrrhonisme ne doit pas être confondu
avec l'universelle négation, qui est plutôt une

extravagance de la volonté qu'un état de l'intelligence. Les sophistes affirment que l'homme est la mesure de toutes choses, les sceptiques repoussent cette maxime et s'abstiennent de toute affirmation. Le pyrrhonisme implique toutefois deux contradictions qui le ruinent. Il affirme pour ce qui regarde la réalité extérieure, qu'au moins il n'en faut rien affirmer : *premier absolu* ; puis s'il recommande l'abstention, c'est au nom de l'idée qu'il s'est faite du bien véritable : *deuxième absolu*. La suspension en définitive est donc action.

A Enésidème se relie Sextus Empiricus (vers le II° siècle après J. C.) par une suite de sceptiques qui furent presque tous médecins. Il reproduit les arguments d'Enésidème, mais, encore une fois, le scepticisme complet, pris en soi, ne prouve absolument rien en faveur de la doctrine de la relativité, à laquelle on avait déjà, du temps de Sextus, réduit les dix catégories du doute pyrrhonien. En effet, il est repoussé invinciblement par la nature humaine ; cet état suspensif est absolument antinaturel et impossible en pratique. L'homme affirme toujours quelque chose, ne fût-ce que son propre doute.

A la vérité, le septicisme absolu ne peut être

réfuté d'une manière absolue par la logique
humaine, car toute réfutation suppose un
principe certain sur lequel elle repose, et le
scepticisme n'en admet point. Aussi le vice
du scepticisme ne consiste-t-il point à soutenir
qu'il est impossible de démontrer radicalement
que l'homme peut connaître quelque vérité,
mais à exiger cette démonstration même. Qui-
conque professe le sspticisme universel nie
non seulement toute philosophie, mais même
toute science, quelle qu'elle soit. En niant
toute science, on attaque la raison commune
qui croit à la possibilité de la science; on ab-
jure la nature humaine qui a foi en sa propre
raison. La conclusion, c'est que les partisans
modernes de la relativité auraient mauvaise
grâce d'invoquer le scepticisme en leur faveur,
alors qu'ils se montrent si dogmatiques en matière de relatif et de science.

III

LA PHILOSOPHIE ROMAINE

Nous avons peu de chose à dire de la philosophie *romaine,* elle manque d'originalité. Lu-
crèce emprunte ses doctrines à Épicure et les

expose en vers enthousiastes. Cicéron incline
vers le probabilisme de la nouvelle académie
et adopte un stoïcisme mitigé par les doctrines
platoniciennes et péripatétiques. Sénèque admet aussi les principes de l'école de Zénon et
les soutient souvent avec une éloquente subtilité. Epictète nous parle de Dieu, de la Providence, de la liberté de l'âme, comme Cicéron
et Sénèque.

IV

LES ALEXANDRINS

Le scepticisme n'est pas une loi de l'esprit
humain, car à aucune époque, il n'a pu établir
son règne ; l'homme qui se sent fait pour connaître et croire ne peut longtemps s'y résigner.
Aussi bien le voyons-nous chez *les Alexandrins*,
demander à l'enthousiasme et à l'extase cet
absolu qu'il n'attend pas de l'expérience et de
la raison. La méthode de l'école d'Alexandrie
est vicieuse sans doute, mais le fait n'en témoigne pas moins d'un besoin inné d'absolu chez
l'homme.

Nous glisserons sur les trois phases de cette école représentée par Plotin, Porphyre et Proclus. Placée entre l'Asie et l'Europe, cette école prit à tâche d'unir l'esprit de l'Orient à l'esprit de la Grèce. Sa tendance est idéaliste, religieuse et mystique. Un certain éclectisme joint à un mysticisme outré fait le caractère commun des philosophes d'Alexandrie. Sans méconnaître l'autorité de la raison, ils cherchent au moyen d'une faculté supérieure (l'enthousiasme) à s'élever jusqu'à l'unité suprême et absolue. L'*un* absolu avec ses diverses manifestations fut même l'objet de toutes les pensées, comme aussi de toutes les aspirations de Plotin. Bref, le caractère distinctif de cette école est de trouver l'unité absolue.

V

LES PÈRES DE L'ÉGLISE ET LES DOCTEURS SCOLASTIQUES

Quant aux *Pères de l'Église* et *aux docteurs du moyen âge*, il serait superflu de citer leurs témoignages. Ce sont des spiritualistes convaincus dont la foi ne fait que confirmer les vérités absolues attestées par la raison. Et si quelques-uns d'entre eux semblent exalter la foi aux dépens de la raison, ce n'est que pour trouver un appui plus sûr dans l'absolu.

VI

LA PHILOSOPHIE ARABE

Disons un mot de la philosophie arabe. Spiritualiste tout d'abord, elle avait reconnu au-dessus du monde des sens un monde de réalités intelligibles et ce qui, dès les premiers temps de l'hégire, préoccupait les théologiens mahométans, ce fut la question de l'origine du mal. La doctrine du Coran reconnaît un seul Dieu et ordonne de le prier, mais enseigne le fatalisme. Aristote fut la principale source où les Arabes puisèrent leur philosophie, et l'introduction des théories rationalistes força les croyants à fonder une sorte de théologie raisonnée pour défendre les doctrines du Coran.

Vers la fin du xᵉ siècle, nous voyons Avicenne, Ibn-Sina, professer la doctrine péripatéticienne sur l'âme et admettre l'Être nécessaire, absolu, c'est-à-dire la cause première ou Dieu. Au milieu du xiᵉ siècle, le sceptique Al-

Gazel, dans son livre de la *Destruction des philo-sophes*, cherche à battre en brèche tous les systèmes des dogmatiques, mais, — ce point est à remarquer, — dans le but de montrer la nécessité de recourir à la révélation du Coran, pour éviter le doute absolu.

Au xii° siècle, Ibn-Radja ou Aven-Pace et Tophaïl, dédaignant la dialectique, prétendent s'élever de la seule nature à l'union intuitive de Dieu. A peu près à la même époque Ibn-Roschd ou Averroès entreprit la reconstruction de la philosophie spiritualiste. Son système est un certain éclectisme dont les doctrines aristo-téliciennes sont la base. Selon lui, la théologie n'enseigne que la vérité relative, mais la phi-losophie possède la *vérité absolue.*

Maïmonide, autre philosophe du xii° siècle, développe les idées péripatéticiennes d'Aver-roès, il admet Dieu, la Providence et l'âme.

Les philosophes *syriens* offrent peu d'origi-nalité. Ce sont d'abord des continuateurs im-médiats de la philosophie grecque en décadence au sixième siècle. Plus tard leur philosophie se confond avec celle des Arabes.

VII

LA RENAISSANCE

La philosophie de la Renaissance, embrassant à peu près le xv° et le xvi° siècle, établit la transition entre la philosophie scolastique et la philosophie moderne. C'était l'époque des réformes.

Les réformateurs philosophiques se rattachent, les uns à Platon, et ont une tendance idéaliste comme Marsile Ficin, Pic de la Mirandole (Ecole de Florence); les autres penchent vers l'empirisme comme Pomponace, Telesio, Campanella (Ecole de Padoue). Pomponace chef de cette dernière école refuse à la raison la faculté de prouver l'immortalité de l'âme, mais il y ajouta foi parce que saint Augustin y croyait.

Tous les systèmes anciens furent ressuscités. Celui d'Anaxagore par Telesio, celui des Eléates et des Alexandrins par Giordano Bruno, celui de Pythagore par Nicolas de Cuse.

Le caractère commun de toutes les écoles italiennes de cette époque est un *sentiment* profond de l'infini et un grand amour de la nature. Tous s'occupent de l'origine des choses et sont :

Ou *théistes*, c'est-à-dire admettent l'unité première et absolue, comme Nicolas de Cuse;

Ou *théosophes*, en reconnaissant une communication directe avec Dieu par voie d'illumination, tels que Paracelse, van Helmont, Jacob Boehm, Cardan, Reuchlin, Agrippa, Robert Fludd;

Ou *naturalistes*, qui, tout en croyant à l'Etre infini, absolu, Dieu, s'occupent spécialement d'expliquer les principes constitutifs de la nature; ainsi Telesio, Campanella;

Ou *panthéistes* comme Jordano Bruno le méthaphysicien téméraire.

Mentionnons aussi quelques philosophes plus ou moins sceptiques du XVIe siècle et auteurs de travaux sur la logique.

Les principaux sont : Pierre Ramus, Montaigne, Sanchez, mais le premier admettait l'existence de Dieu, le second croyait à l'absolu de l'âme et le troisième passe à tort pour un vrai sceptique, son doute est méthodique.

Quant à Charron, il se contredit plus d'une

fois ; tantôt il reconnaît que la vérité « loge dedans l'esprit de Dieu », tantôt il affirme que « toutes les religions sont également étranges. »

Le seul athée de cette époque est Vanini, qui néanmoins admet que le monde est *éternel*, se suffit à lui-même et par conséquent est *absolu*.

Vanini, soit comme homme, soit comme philosophe a peu de droit à l'estime de la postérité. On connaît la réponse qu'il fit à un interlocuteur qui lui demandait son avis sur l'immortalité de l'âme. « J'ai fait vœu, dit-il, à mon Dieu, de ne pas traiter cette question avant d'être vieux, riche et Allemand. »

VIII

LA PHILOSOPHIE MODERNE

La philosophie moderne se caractérise par une double tendance empirique et idéaliste et par l'indépendance à l'égard de la théologie et des philosophes anciens. Elle prend pour point de départ l'étude de la nature humaine, emploie plus rigoureusement la méthode qui va du connu à l'inconnu, mais admet l'existence de deux absolus : l'âme et Dieu.

Bacon, fondateur de méthodes plus que créateur de grandes théories, insiste surtout sur l'induction; toute sa philosophie repose sur le plus important des principes absolus; le principe de causalité.

Hobbes, qu'on aime à citer comme partisan du matérialisme et qui prétend bannir l'infini de la philosophie, admet en politique un pouvoir *absolu*, et la possibilité pour l'esprit humain de remonter de cause en cause jusqu'à l'*idée* de Dieu comme cause physique, quoique, selon lui, toute notion de la nature divine soit inintelligible; il est vrai, Hobbes matérialise la cause, mais d'autre part il accorde à l'homme la faculté de s'élever à Dieu, par l'inspiration et la foi, concession qui est difficile à expliquer dans son système, mais qui toutefois paraît sincère.

Locke, en niant l'innéité des principes destitua l'intelligence humaine de la faculté de l'absolu, c'est-à-dire de la raison et estima que nous ne pouvons connaître autrement la nature du sujet pensant, c'est-à-dire la spiritualité de l'âme que par *la révélation*! Non seulement il admet Dieu, mais il soutient son immatérialité, et dans la démonstration de son existence il admet seulement les preuves à posteriori et rejette les preuves à priori comme dépourvues de toute valeur. Gassendi, quoique partisan du système d'Épicure, *croit* en Dieu et pense qu'on peut s'élever aux notions de l'âme et de Dieu, non pas par la métaphysique, mais par la physique ou par la morale!

Qu'est-il besoin de parler des philosophes spiritualistes du XVIIe *siècle* tels que Descartes, Leibnitz, Bossuet, Malebranche, Fénelon, Newton, Clarke, Wolff? Quant à Pascal et Bayle plus ou moins sceptiques ce sont d'intrépides défenseurs de l'absolu, ils ont recours au sentiment ou à la foi pour échapper au doute sur les grandes vérités philosophiques. Le panthéiste Spinoza exagère tellement l'idée de l'absolu, qu'il n'admet qu'une seule substance complète et absolue, Dieu.

Le XVIIIe *siècle*, si fécond en philosophes de de toutes espèces, ne nous en présente aucun qui ne tienne à quelque absolu. En France nous rencontrons des sensualistes plus ou moins idéologues. Condillac pour qui les idées et toutes les facultés ne sont que des sensations transformées, a d'abord recours, pour fonder sa morale, à la volonté de Dieu; puis finit par en

chercher la base dans nos besoins qu'il ramène
aussi à sa sensation. Quoi qu'il en soit, il croit
à Dieu à l'âme et à la liberté.

Destutt de Tracy, son disciple, *entrevit* cependant la doctrine de l'activité du sujet pensant.

Laromiguière ajouta à la sensation la faculté
de la comparaison, aperçut le principe actif de
l'âme qui fut saisi plus tard par Maine de Biran
avec une puissance incomparable et formulée
avec tant de rigueur.

A côté de l'école sensualiste nous voyons
quelques matérialistes qui font plus ou moins
profession d'athéisme. *Helvétius* se rattache à
Condillac et, dans son livre de l'*Esprit*, admet
comme principe unique de nos idées et de nos
facultés, la sensation. La question de la spiritualité de l'âme et de la liberté, il la renvoie à
la théologie; il est donc permis, selon lui, de se
la poser et de la résoudre. Son livre est critiqué
par Voltaire, Rousseau et Turgot. Chez Saint-
Lambert, on constate un silence profond, évidemment systématique, comme dit Cousin, sur
les deux questions de Dieu et de l'autre vie; il
n'élève pas même d'objection contre ces deux
croyances ; cependant il prononce une ou deux
fois le nom de Dieu par inadvertance.

Le baron d'Holbach attaque tous les dogmes

6

du christianisme et même sa morale et semble retenir au moins l'idée de justice et de bonté. Lamettrie se montre matérialiste dans l'*Homme-machine* et dans l'*Homme-plante*, mais il abjura, dit-on, ses erreurs à la fin de sa vie. Naigeon que Chénier appela « un athée inquisiteur », ne mérite aucune considération. Son recueil de philosophie ancienne et moderne est une compilation où l'arbitraire et le désordre se joignent à la passion et à des doctrines brutales. En résumé les encyclopédistes, Diderot à leur tête, n'ont pas de système philosophique rigousement enchaîné. Tantôt ils rejettent l'existence de Dieu, tantôt ils se contentent de nier la Providence.

Les philosophes du xviii° siècle qui s'occupaient de philosophie sociale comme Montesquieu, Rousseau, Voltaire, Turgot sont ou déistes ou spiritualistes et restèrent certainement attachés aux vérités les plus essentielles de la métaphysique. Montesquieu cherche le premier fondement des lois physiques et morales jusque dans la pensée divine. La profession de foi du vicaire savoyard de Rousseau est une magnifique protestation en faveur du spiritualisme. Turgot fut un chaleureux défenseur de la religion chrétienne.

Parmi les naturalistes, Buffon croit, comme Descartes, que l'existence de l'âme est certaine. Charles Bonnet regarde l'univers comme un temple sacré où Dieu, de toutes parts, se révèle. Robinet, dans son livre de la *Nature*, touche aux problèmes les plus élevés de la philosophie. Il n'y a, selon lui, d'immuable que l'infini et ce qui n'est pas Dieu est néant, Condorcet s'occupa surtout de réforme morale, il admet la liberté dans l'homme. Cabanis reconnaît au dessus de l'univers un être doué d'intelligence et de volonté. Les moralistes écossais, tels que Hutcheson Beattie, Ferguson, Adam Smith, sont spiritualistes ou du moins admettent Dieu et l'âme.

L'idéaliste Berkeley, qui rejette l'existence des corps, admit l'absolu de l'esprit et crut en Dieu. — Hume, père de la psychologie anglaise contemporaine, ôte toute valeur à l'idée de de cause et de *substance*, mais accorde cependant à l'intelligence des idées intermédiaires placées entre l'esprit et les choses, et ramène furtivement le principe de causalité sous le titre de croyance ou de foi fondée sur la perception immédiate et sur l'habitude. Ces sortes de contradictions ne sont pas rares chez lui, et dans un de ses dernies écrits, *Dialogues sur*

la religion naturelle, il avoue que le procès in-
tenté par les sceptiques au vieux dogmatisme
n'est qu'un jeu ou une querelle de mots. Le
docteur Reid, spiritualiste, défend contre Hume
l'absolu du sujet pensant; contre Berkeley
l'existence du monde matériel. Kant, nous
l'avons déjà dit, rétablit par la raison pratique
Dieu, l'âme et le monde, sur lesquels, d'après
lui, la raison spéculative ne peut rien savoir.
Dugald Steward, exagérant les tendances trop
exclusivement psychologiques de Reid, pros-
crit toute ontologie; toutefois, infidèle à sa méthode, il ne traite pas moins comme Reid, de
Dieu et de ses attributs, et essaye de découvrir
les fondements de la religion naturelle.

Dans des temps plus rapprochés de nous,
nous voyons Maine de Biran, d'abord partisan
du sensualiste Condillac, rétablir l'activité du
sujet pensant. Il montra comment l'homme au
milieu des modifications intérieures, saisit sans
nul intermédiaire le principe intérieur, absolu,
qu'on appelle moi. La spiritualité de l'âme
n'est pas la conséquence d'un syllogisme, pas
plus que la liberté. Biran s'éleva même jusqu'au
christianisme, qui est la vie de l'amour, et
aboutit à une sorte de mysticisme, vers la fin
de ses jours.

Royer-Collard, dans sa chaire de la Sorbonne, essaya de faire triompher les doctrines spiritualistes, il l'occupa trop peu de temps pour en garantir le succès. On sait les mémorables paroles qu'il prononça avant sa mort : « Il n'y a dans le monde de solide que les idées religieuses, ne les abandonnez jamais, ou, si vous en sortez, rentrez-y. »

Cousin le véritable chef de l'éclectisme, un moment ébloui par la métaphysique allemande, revint à la méthode d'observation et de raisonnement, puis fonda la théorie malheureuse de la Raison impersonnelle, sorte d'*intuition de l'Absolu*, par laquelle il cherche à établir l'existence du moi, celle de Dieu et celle de l'univers.

Son disciple, le noble et mélancolique Jouffroy, abandonna les grandes conceptions sur l'ensemble des choses pour se renfermer dans l'étude du moi. Comme Maine de Biran, Jouffroy soutient que l'absolu-moi est saisi directement par l'observation interne et non pas conçu simplement par la raison ainsi que le veut Cousin. Nous avons déjà montré plus haut, combien lui tenait à cœur le problème de la destinée et combien il fut tourmenté par l'idée de l'absolu.

6.

Damiron, disciple de Cousin et émule de Jouffroy, est avant tout psychologue et moraliste. Il marche sur les traces des fondateurs de l'éclectisme, exagère même le pouvoir de la raison humaine et professe l'existence de Dieu et l'immortalité de l'âme.

Nous arrivons maintenant à la partie de notre thèse la plus digne d'intérêt. La même loi que nous venons de constater et qui se vérifie avec tant de rigueur à travers les siècles, est-elle vraie également dans la philosophie contemporaine? Les penseurs qui aujourd'hui même écrivent et discutent sur l'absolu, s'attachent-ils, eux aussi, chacun à sa manière, à quelque absolu? Les positivistes, les criticistes, les phénoménistes, les subjectivistes, les agnosticistes, les physico-physiologistes, etc., etc., qui soutiennent des théories en apparence les plus négatives, finissent-ils, comme leurs devanciers, à mesure qu'ils creusent et approfondissent leurs idées, par retrouver l'absolu qu'ils avaient d'abord nié ou écarté? Ici encore, nous laisserons à l'histoire le soin de donner la réponse, elle nous montrera chacun de nos grands philosophes contemporains poursuivre ou défendre quelque absolu.

VIII

LA PHILOSOPHIE CONTEMPORAINE

La division du monde philosophique en partisans et en adversaires de l'absolu est le résultat d'un travail lent et sourd, qui s'accomplit dans les intelligences depuis la critique de Kant. Sans doute, dès avant notre époque, des schismes semblables s'étaient produits dans l'humanité pensante ; mais nous les voyons toujours se manifester sous quelque autre forme : il y avait des croyants et des incrédules, des théistes ou des athées, des spiritualistes ou des matérialistes. *Aujourd'hui l'on est pour ou contre l'absolu*. Disons cependant, que dans l'antiquité déjà, Platon et Aristote ont vigoureusement défendu l'absolu contre une doctrine sophistique de *relativité et de mobilité universelles*, et que les partisans du doute pyrrhonien ont à leur tour disserté à perte de vue sur la *relativité*; mais c'est surtout de notre temps, que Kant a imprimé à la doctrine de

l'absolu un caractère original, plus moderne,
j'allais dire plus laïque.

Le philosophe de Kœnigsberg avait pour but
d'éviter à la fois le scepticisme de Hume et le
dogmatisme des spiritualistes; il tomba dans
une inconséquence qui, à la vérité, lui fait honneur, et qui est une des preuves les plus frap-
pantes de l'existence de la loi que nous voulons établir. Aux spiritualistes il dit : « Vous
avez beau dogmatiser sur les trois absolus
(bas Unbedingte, l'absolu): *Dieu, l'âme, le monde,*
vous ne pourrez rien en savoir. Il n'y a pas de
connaissance *des choses en soi* (bas Ding in sich);
vous vous heurterez partout à des *paralogismes*
et à des *antinomies :* en théologie, en psychologie, en cosmologie; vous ne rencontrerez que
des contradictions dans l'esprit humain, les
sceptiques ont raison contre vous, nous ne pouvons atteindre le noumène (νούμενον) par la raison spéculative ; nous ne connaissons que des
phénomènes (φαινόμενον) et l'enchaînement des
phénomènes selon les lois de la raison. » —
Aux sceptiques, Kant tient le langage suivant :
« Vous avez tort de nier tout absolu. Ce que la
raison spéculative ne peut connaître, la raison
pratique a le droit de l'affirmer. Les dogmatiques ont raison contre vous en soutenant

l'existence de l'absolu ; car la morale dépasse la région des phénomènes, et nous ordonne de croire à des réalités supra-sensibles. » C'est ainsi que Kant, par une sorte d'évolution de la pensée qui se retourne contre elle-même, relève la métaphysique de ses ruines et ressaisit par la volonté (𝔚𝔦𝔩𝔩𝔢) ce qu'il rejette par la raison (𝔙𝔢𝔯𝔫𝔲𝔫𝔣𝔱). Pour lui, Dieu, l'âme, la liberté, l'immortalité sont les postulats nécessaires de la raison pratique.

Remarquons tout de suite, — et c'est là ce qui importe le plus pour notre thèse ; — que Kant, loin de proscrire la notion d'absolu, la conserve comme étant un point nécessaire, une règle suprême de la pensée. La raison, suivant lui, ne peut se passer de cette idée ; car si elle devait remonter à l'infini la chaîne des phénomène et des êtres, elle ne laisserait pas que d'être accablée d'une lassitude infinie et de se perdre dans un abîme sans fond. Nous concevons pour les phénomènes de conscience un sujet qui n'est plus phénomène, c'est l'*âme* ; nous concevons de même un substratum pour les phénomènes extérieurs, c'est le *monde*. Au dessus et au delà de ces deux absolus, nous concevons le dernier absolu, l'Etre infini, *Dieu*. Telles sont les trois idées de la raison pure (reine Vernunft), idées nécessaires à la pensée, mais dont il nous est impossible, selon Kant, de démontrer logiquement l'existence objective.

Dans cette théorie il faut signaler, entre autres erreurs, deux principales, dont Fichte et Hamilton se chargent de tirer les conséquences. Kant abaisse la raison et exalte la foi (Glauben); d'une part, il frappe d'impuissance la première, en limitant toute sa connaissance à celle des phénomènes extérieurs ; d'autre part, il accorde à la foi naturelle une autorité qu'elle ne peut avoir, puisqu'il lui enlève toute base raisonnable : *rationabile obsequium*.

Fichte, voyant que son maître défendait à l'esprit humain de sortir de sa prison subjective pour arriver jusqu'à la réalité de l'absolu, leva la difficulté, en effaçant la distance qui sépare le *Moi* de l'*Absolu*. « Le Moi, dit-il, *se pose et en se posant, pose le non-moi;* le Moi seul est Dieu; le Moi est donc l'Absolu. » Voilà par quel tour de passe-passe la raison humaine est remise en possession de l'Absolu : c'est l'idéalisme subjectif.

A son tour Hamilton veut redresser Kant. Le philosophe écossais blâme le solitaire de Kœnigsberg de n'avoir pas une bonne fois

« *exorcisé le fantôme de l'absolu* ». Il soutient
que l'Absolu ou l'Inconditionnel (*Unconditional*)
n'est susceptible d'aucune affirmation subjective, que la notion de l'absolu est inconcevable,
vide de sens : « Nous ne connaissons, dit-il,
rien d'absolu, rien d'existant absolument, c'est-
à-dire en soi et pour soi, et sans relation avec
nous et nos facultés (1). » Cependant, cette impuissance où nous sommes « de rien concevoir
au delà du fini et du relatif nous inspire, par
une étonnante révélation, — ce sont ses propres termes, — *la croyance à quelque chose d'in-*
conditionnel, au delà de la sphère de la réalité
compréhensible (2). »

Voilà donc nettement formulées, les deux conséquences opposées, auxquelles devaient aboutir *logiquement* le demi-scepticisme et le dogmatisme irrationnel de Kant : le Moi est devenu
l'Absolu, c'est-à-dire Dieu, et l'absolu est déclaré *inconcevable*. Des deux côtés, on exagère
à la fois le doute et l'affirmation du système
Kantien. Chez Fichte, le *phénomène* disparaît,

---

(1) Stuart Mill : *La philosophie de Hamilton*, p. 21. —
Traduction Cazelles, chez Germer-Baillière.
(2) Voir le même texte dans l'ouvrage de M. Spencer : *Les*
premiers principes, p. 81. — Traduction Cazelles, chez Germer-Baillière.

en même temps que le *noumène*, laissé encore
dans le doute par Kant; mais les lois de la
pensée, que le maître conserva seules, devien-
nent chez le disciple le seul vrai absolu. Chez
Hamilton, la réalité de l'absolu dont la raison
spéculative, selon Kant, ne peut démontrer ni
la possibilité ni l'impossibilité, est reconnue
franchement impossible au seul regard de la
pensée; et c'est la *croyance* (*belief*) qui est in-
vestie du plein pouvoir de l'atteindre.

Les disciples de Fitche et de Hamilton viennent, à leur tour, tirer les conséquences ren-
fermées dans les prémisses posées par leurs
maîtres. Schelling, disciple et commentateur
de Fichte revendique hautement les droits de la
nature, sacrifiés par son maître. D'après lui,
« l'absolu n'est pas seulement dans le moi, dans
le subjectif; il est aussi, et à titre égal, dans
la réalité extérieure, dans la nature, dans l'objet : l'absolu est *Sujet-Objet*. » C'est l'idéalisme
objectif.

C'est ainsi que la contradiction est introduite
au sein même de l'absolu, qu'on dit à la fois parfait
et imparfait, et qui, d'une réalité finie qu'il est
d'abord, devient l'*Être Absolu*, l'*Infini*. Hegel
accepte cette contradiction, et en fait le principe fondamental de son système. « La science,

selon lui, a son point de départ dans l'absolu ; et l'absolu, conformément aux lois du processus (Proßeß), est l'Être indéterminé dans la *thèse*, le Non-Être dans l'antithèse, et il *devient* seulement dans la *synthèse*. » C'est l'idéalisme absolu.

Mansel, disciple de Hamilton, renchérit également sur la doctrine de son maître, et prétend que « la conception de l'absolu et de l'Infini, de quelque côté qu'on la considère, semble entourée de contradiction (1). »

On le voit, les spéculations sur l'absolu n'ont abouti, en Allemagne comme en Angleterre, qu'à introduire la contradiction dans cette notion. De cette métaphysique à outrance, il resta d'une part le système du *devenir hégélien*, selon lequel Dieu *n'est* pas, mais *devient* sans cesse; et d'autre part, une école d'après laquelle Dieu serait « pur objet d'imagination et de sentiment (2) ». C'est à ces deux systèmes qu'il faut rattacher les idées hégéliennes, qui ont cours en France parmi les représentants de la philosophie du relatif, et

(1) Voir Spencer : *Les premiers principes*, p. 36.
(2) Voir Alexandre Bain, dans l'ouvrage de M. Ollé-Laprune: *La certitude morale*, p. 307. — Belin, 1880.

7

les opinions de l'école critique religieuse et sentimentale.

Assurément, cette phase de l'absolu ne devait pas être la dernière. L'homme ne saurait se contenter de contradictions et de critique ; il a besoin d'affirmation. Les Allemands ont eu le tort de vouloir démontrer *a priori* l'existence de l'Etre Absolu, ou Dieu, au moyen d'une prétendue science absolue qui ne serait rien moins que l'explication universelle et adéquate de toutes choses ; c'était trop présumer de l'esprit humain. Les Anglais ont établi une telle opposition entre la raison et la foi naturelle, qu'il n'est resté dans l'âme qu'une faible image ou quelque vague sentiment de l'Etre Absolu ; c'était mutiler l'esprit humain. De part et d'autre, le résultat fut le même, à savoir, l'élimination de l'Etre Absolu ou Dieu. Les uns l'ont désagrégé ou anéanti par la contradiction ; les autres, en refusant à l'intelligence, faculté authentique de la connaissance, le pouvoir d'atteindre l'absolu, l'ont mis hors de la portée de l'esprit humain. Voilà donc l'homme privé de l'Absolu, et sans Dieu.

Que faire ? Quel parti prendre ? Le plus simple et le plus naturel, celui de l'abstention. Ne rien affirmer, ne rien nier sur l'Être absolu, pas plus que sur la chose en soi et le noumène; se contenter de l'étude des phénomènes et de leurs rapports, des faits sensibles et de leurs lois démontrables, voilà la sagesse. « Assez de métaphysique allemande, assez de fantômes mystiques et de rêveries sentimentales d'outre-Manche, occupons-nous de choses positives; ne faisons que de la science. » On reconnaît ici le langage d'Auguste Comte, le chef du positivisme.

Examinons si le programme d'abstention imposé par le positivisme a été maintenu, et si l'homme sera définitivement débarrassé du fantôme de l'absolu. Nous touchons ici au vif de la question. Auguste Comte et ses disciples d'aujourd'hui sont-ils restés fidèles à leur méthode ? ont-ils renoncé à la métaphysique, en s'abstenant de toute question sur les origines et les fins, sur les substances et les, causes, sur l'âme et sa destinée? Tel est l'intéressant problème qu'il s'agit de résoudre. L'histoire contemporaine nous en donne la solution.

Nous avons déjà dit que le fondateur de la philosophie positiviste, après avoir banni de son système toute science transcendantale, c'est-à-dire toute spéculation sur les substances;

la cause première, la vie future, revint vers la
fin de sa vie, non seulement à une métaphysique, mais encore à une religion.

Cédant à quelque *inclination inconsciente* sans
doute, il chercha partout l'unité et voulut sys-
tématiser toutes choses, ne fût-ce qu'à titre
d'hypothèse. Comme il prétendait demeurer
fidèle à sa pensée première, il continua d'expliquer les *faits par les faits*. Mais au lieu de ne
chercher à un fait d'autre explication que la
simple préexistence d'un *fait différent*, il l'in-
terpréta par un *fait d'ordre supérieur et rationnel*. Puis, poursuivant sa marche vers l'absolu,
il finit par croire à un Être suprême, et inau-
gura le culte du *Grand-Être* ou l'Humanité,
celui de la terre ou *Grand-Fétiche*, celui de
l'Espace ou *Grand-Milieu !!!* Voilà comment
Auguste Comte, tout en voulant rester attaché
à la doctrine du relatif, aboutit d'une manière
inconsciente à une doctrine de l'absolu, à une
métaphysique, à une religion. Quelle éclatante
vérification de la loi que nous avons entrepris
de formuler !

Cette même loi se manifeste avec autant d'é-
vidence chez les disciples que chez le maître.
Le plus célèbre d'entre eux, Littré, le grand
adversaire de la métaphysique, semble, lui aussi,

avoir subi l'attrait des mystérieuses régions qui
sont au delà des faits et des lois qu'il déclare
inaccessibles à notre esprit, de cet « Océan qui
vient battre notre rive et pour lequel nous
n'avons ni barque ni voile, mais dont la *claire
vision* est aussi salutaire que formidable (1). »
Et pour qu'on ne se méprenne pas sur sa pensée, nous ajouterons son interprétation propre :
« Mais inaccessible ne veut pas dire *nul et non
existant* ». N'est-ce pas là une véritable affirmation de l'existence d'un être infini? Si vous
en voulez la preuve, écoutez ce qu'il dit peu
avant sa mort : « Il me suffit de le contempler
sur le trône de sa sombre grandeur, pour me dégager de tous les dogmatismes (2). » Se dégager
de l'infini, exorciser le fantôme de l'absolu, selon l'expression de Hamilton, n'est pas chose
facile, comme nous le verrons dans la suite. En
attendant, enregistrons l'aveu d'un positiviste
sincère, sur l'existence d'un être absolu.

De pareils aveux ont été faits par l'école de
Hamilton. Le chef lui-même, qui avait reproché
à Kant de n'avoir pas une bonne fois exorcisé le
fantôme de l'absolu, en laisse entrevoir l'exis-

---

(1) Voir son ouvrage : *Auguste Comte et la philosophie positive*, p. 506.
(2) *Revue de philosophie positive.* — Janvier 1880.

tence : « Dès que nous avons conscience de notre incapacité de concevoir quelque chose au-dessus du relatif, du fini, une révélation merveilleuse nous inspire une croyance *à l'existence* de quelque chose d'inconditionné (absolu) qui dépasse la sphère de toute réalité compréhensible (1). »

Ces paroles, déjà citées plus haut, sont confirmées par son disciple Mansel : « Nous sommes forcés, dit-il, par *la constitution* de notre esprit, de croire à l'existence *d'un être absolu et infini* » ; et cette « croyance semble nous être imposée comme le complément de notre conception du relatif et du fini (2). »

Ce que l'école de Hamilton, tout en regardant — à tort sans contredit — l'absolu comme une conception négative, avait fait pressentir, M. Spencer, lui, le saisit et en affirme catégoriquement l'existence. Des doctrines de Hamilton et de Mansel, il tire cette conclusion que le seul fait de nier qu'on puisse connaître l'essence de l'absolu « prouve que l'absolu a *été présent* à l'esprit, non pas en tant *que rien*, mais en tant que *quelque chose* (3) ». Il n'est pas pos-

(1) Voir Spencer, *loc cit.*, p. 81.
(2) *Ibid.*, p. 81.
(3) Spencer, *Ibid.*, p. 78.

sible, selon M. Spencer, que notre connaissance n'ait pour objet que des apparences sans réalité : « Le noumène, nommé partout comme antithèse du phénomène, est pensé partout et nécessairement comme une réalité. » L'inconditionné ou l'absolu existe donc. C'est M. Spencer qui nous l'affirme, celui qui passe pour le plus grand des penseurs anglais, l'auteur de la théorie de l'évolution universelle.

Stuart Mill, le plus orthodoxe des positivistes anglais, bien qu'il ait reproché à Hamilton d'avoir encore conservé la notion même de l'absolu, entrevoit, lui aussi « quelques fissures à ce mur qui nous enferme »; il aime à montrer qu'on peut se figurer dans l'Inconnaissable un Dieu qui gouverne le monde (1).

On le voit, Auguste Comte est abandonné par ses plus éminents disciples de France et d'Angleterre; le programme d'abstention qu'il leur imposait n'a pas été suivi; chacun d'eux affirme quelque chose sur l'absolu. Littré contemple l'Infini sur son trône; Mill se le représente comme un Dieu qui gouverne le monde; et Spencer en affirme expressément l'existence. Le fantôme n'est pas exorcisé!

(1) Voir M. Caro : Littré et le positivisme, p. 157. — Hachette 1882.

D'autres esprits distingués, et qui se rattachent plus ou moins au positivisme ou au criticisme de Kant, tels que MM. Taine, Renan,
Renouvier, ont-ils réussi, eux, du moins, à
purger l'esprit humain de ce spectre incom-
mode ? Il n'en est rien. Car, leurs spéculations
tendent, en définitive, comme celles de Comte
et de Spencer, et vont se terminer irrésistible-
ment, à un infini, à un absolu (1).

M. Taine, qui rejette Dieu, l'âme, la substance, la cause, aux yeux duquel le moi est
une « illusion métaphysique », l'âme « un polypier d'images », M. Taine qui sait plaisanter
fort agréablement sur les philosophes français
tels que Cousin et Jouffroy, n'a pas su échapper à la poursuite de l'absolu. Il a son Dieu, et
quel Dieu, hélas ! Une *formule créatrice, l'axiome
éternel* (2). C'est cette loi abstraite, vide de con-
tenu, qui, pour M. Taine, est le principe des
choses, et qui est érigée par lui en une sorte
de substance et de cause première.

Assurément, il n'existe pas de preuve plus
convaincante que celle-là, de ce besoin inné,

(1) Voir le rapport de M. Ravaisson.
(2) Voir les ouvrages philosophiques de M. Taine, et en
particulier : *Le Positivisme anglais ; Les Philosophes français;
L'Intelligence.*

dans l'esprit humain, de se reposer en dernière analyse sur quelque absolu.

M. Renan, lui qui croit que tout est « nuances » en ce monde, qui penche vers la philosophie du devenir, paraît avoir constamment l'esprit hanté par le spectre de quelque Infini, ou de quelque idéal. Bien que, d'après lui, il n'y ait rien de vrai que l'incertain et l'obscur, bien qu'il prenne en horreur les faits précis et déterminés, il ne reconnaît pas moins l'existence d'un « je ne sais quoi » dans la nature et dans l'homme. La fuyante *nuance* de sa pensée n'est pas facile à saisir; d'une part, il ne nie point « qu'il y ait des sciences de l'éternel et de l'immuable », mais il les met en dehors de toute réalité. D'autre part, il prétend que l'Infini, l'Idéal, l'absolu, est la seule véritable réalité, et que le reste n'a de l'être que l'apparence. Tantôt Dieu constitue « le résumé de nos besoins suprà-sensibles, la catégorie de l'idéal »; tantôt Dieu est « éternel, immobile, le principe du beau, du vrai, du bien ». Ici M. Renan nous commande de dire de Dieu qu' « *il est* »; là il veut qu'on dise que Dieu est seulement « *en voie de se faire* ». En résumé, M. Renan répugne à déterminer l'idée religieuse, de peur de la dégrader. Et pourtant,

7.

voyez quelle évidente infraction à son principe
du criticisme ! M. Renan n'a pu s'empêcher
d'appeler Dieu, *Père céleste, mon Père;* il lui
attribue des idées morales, en disant que le devoir est inexplicable sans Dieu (1). On n'en saurait plus douter, la réserve qu'on veut s'im-
poser au sujet de l'absolu est contre-nature,
elle est impossible à soutenir en pratique.

Un philosophe qui semble s'être proposé de
continuer parmi nous l'œuvre de l'auteur de
La critique de la raison pure, M. Renouvier, dans
dans ses premiers essais de critique générale,
se déclare l'adversaire de tout absolu, quel
qu'il soit. A ses yeux, toute réalité qu'on ima-
gine au delà d'une sphère autre que celle de
l'expérience sensible, est « une chimère »; il
nie la possibilité d'une chose en soi, se refuse
à admettre une conscience unique, un moi.
Cependant M. Renouvier paraît se raviser, et
reconnaître qu'il faut un *point fixe au delà des
phénomènes;* il combat l'idéalisme de Mill, défend l'innéité des principes contre la théorie
de l'hérédité de Spencer. Le *point fixe* de M. Renouvier, son absolu c'est la *loi morale.* Pour

_____

(1) Voir les ouvrages de M. Renan : *Eludes d'histoire religieuse — L'avenir de la métaphysique.*

constituer et maintenir l'ordre moral dans ce
monde, il faut en venir à la croyance dans
l'existence et le règne de Dieu. « Le théisme
et l'absolu même, dit-il, reparaissent transfor-
més dans l'idéal de la perfection morale. »
Mais, comme Kant, M. Renouvier refuse à la
raison la faculté de saisir cet absolu; il exalte
la foi aux dépens de l'intelligence. C'est toujours la même contradiction, la même erreur
de la séparation radicale des deux raisons, spéculative et pratique; c'est toujours aussi le
même témoignage rendu en faveur de l'existence d'un besoin d'absolu pour l'homme.

Au criticisme de M. Renouvier, il faut rattacher le demi-scepticisme, et le demi-positi-
visme de M. Cournot. Lui aussi proclame l'impuissance de la philosophie dans l'ordre des
vérités transcendantes, et n'accorde de certitude véritable qu'à la seule science, laquelle ne
s'occupe que des phénomènes et de leurs lois.
Il se montre plein de respect et de sympathie
pour les croyances religieuses et morales; mais
il les met en dehors et au-dessus des investigations scientifiques et des spéculations philosophiques; car, dans cet ordre de vérités, il n'y a,
suivant lui, que des probabilités. Dans cette
manière de voir, ce qui nous importe le plus,

c'est que M. Cournot admet de pareilles vérités, les regarde comme les plus précieuses et les plus importantes, et s'y attache par la foi naturelle et chrétienne.

L'appel à la morale pour trouver une base à l'affirmation de l'absolu, tel est le résultat le plus clair et le plus frappant qui se dégage de cette rapide esquisse de la philosophie contemporaine, non spiritualiste.

Oui, nos penseurs en renom ont le respect, le culte même de la morale ; ils prisent fort la croyance et se montrent plein de hardiesse pour la foi naturelle. Spectacle bien singulier, au milieu d'un siècle qui n'a que de l'indifférence ou du mépris pour les dogmes de la foi chrétienne !

Il faut en chercher l'explication dans le besoin de l'homme d'affirmer quelque autre chose que des faits sensibles et des lois démontrables. La logique de l'absolu est impitoyable. Si vous dépréciez la raison au point de lui rendre inaccessible toute vérité absolue et impersonnelle, la pensée cherchera son point d'appui ailleurs : dans le sentiment ou dans la volonté. De là cette espèce de fidéisme et de mysticisme contemporains. On exalte la foi, mais au préjudice de la connaissance ; on place un acte moral à la base de toute affirmation et on sup-

prime l'élément intellectuel qui en est le premier, sinon l'unique fondement. C'est le ren-
versement de l'ordre naturel de la connaissance humaine. Car, comment osez-vous nour-
rir l'espoir de fonder la liberté, l'existence de
Dieu, l'immortalité, sur le seul devoir, si l'intelligence, ébranlée sous les coups répétés de votre
critique, en rejette la notion ? A quel titre ac-
cordez-vous au devoir un privilège de certitude
supérieure aux autres idées métaphysiques ?
Cette notion ne pourrait-elle pas être une
illusion d'optique aussi bien que l'idée de
substance ou de cause? Une idée morale est-
elle moins métaphysique qu'une idée religieuse,
par exemple ! S'il n'y a que du relatif dans
la pensée, pourquoi voulez-vous qu'il y ait de
l'absolu dans l'action ? Avouez-le, la base que
vous assignez à l'absolu est fragile, et l'appui
que vous donnez à la pensée n'est pour elle
qu'un piège qui la conduira fatalement au
faux mysticisme.

Cette prédominance de la volonté sur l'intelligence constitue le caractère distinctif de la
philosophie des principales écoles contemporaines, de celles surtout où la pensée oscille
entre l'idéalisme et le vrai spiritualisme. Ce
mouvement, imprimé à la philosophie par Kant,

continué par Schelling dans sa seconde philosophie, par Hamilton et le misanthropique Schopenhauer, par MM. Spencer et Renouvier, ne
semble pas encore près de finir.

M. Fouillée, esprit plus large que profond,
habile dans ses objections contre le spiritualisme, moins heureux dans la constitution de
son propre système, idéaliste qui veut réconci-
lier *l'évolution* avec la *métaphysique*, M. Fouillée résume toute sa philosophie dans la *liberté*.
« L'absolu, pour lui, c'est la liberté. » Tantôt
il nous parle d'un « résidu » qui se trouve
au fond de toutes les doctrines, d'un « je ne
sais quoi » qui n'est ni *déterminé* ni *indéterminé*,
mais *déterminant*, c'est-à-dire la volonté libre;
tantôt, voulant préciser davantage, il ramène
la liberté à l'amour, à la bonté, à la justice, à la
religion. Au fond, M. Fouillée semble réduire
la liberté *à l'idée* de la liberté, qui se produit
elle-même, en vertu d'une force inhérente ;
il ramène ainsi la volonté à une sorte de dyna-
misme logique et en fait le dernier absolu.

La liberté joue également un rôle important
dans la philosophie de M. Ch. Secrétan. L'essence de Dieu, selon lui, est la liberté absolue
et ses attributs ne sont que des noms différents
de cette liberté. Il subordonne, comme Scho-

penhauer, l'intelligence à la volonté; mais
tandis que le philosophe allemand aboutit à un
pessimisme où la volonté n'est qu'un principe
aveugle, auteur du plus mauvais des mondes
possible, M. Secrétan conclut à un optimisme
chrétien où le bien l'emporte définitivement.

C'est là, en effet, le côté dangereux de semblables doctrines. Séparer l'élément intellectuel
de l'élément moral, l'intelligence de la volonté
pour ne considérer que la volonté libre, c'est
faire de celle-ci une cause aveugle, nuisible par
conséquent et capable de tous les excès.

Dans le but de corriger tout ce que cette
manière de voir renferme d'excessif, certains
philosophes ajoutent ou substituent à la foi
morale, un autre principe : l'amour. Comme
Kant, comme un autre philosophe allemand,
Lange, comme MM. Fouillée et Secrétan, ceux-
là insistent sur le rôle de la volonté libre, mais
ils soutiennent que le fond en est l'amour.

Nous sommes bien loin de reconnaître la part
de vérité que renferme cette doctrine. M. Charaux, dans sa *Méthode morale*, en a fait ressortir
le côté vrai en montrant que la pensée ne suffit
pas à la philosophie, mais qu'il lui faut *l'âme*
entière, comme dit un juge éminent, M. Ravaisson, félicitant l'auteur d'avoir appelé l'attention

sur cette importante vérité (1). M. Ollé-Laprune
fonde sur cette idée toute sa thèse de la certitude morale. Le philosophe catholique, avec la
supériorité que l'on sait, montre, en s'inspirant
des idées du P. Gratry et du P. Newmann,
quelles sont les conditions morales de la connaissance, et quelle part revient à la volonté
dans l'adhésion *de l'âme* aux quatre grandes
vérités morales : L'âme, Dieu, la liberté, l'immortalité.

A la doctrine de la prédominance de la volonté sur l'intelligence on pourrait rattacher
les vues de M. Lachelier, autre conférencier de
l'École normale supérieure. Idéaliste, M. Lachelier voit dans les lois de la nature les lois
mêmes de notre pensée, lesquelles se réduisent
suivant lui, à deux principales : loi des causes
efficientes et loi des causes finales. Par le premier principe, il est conduit à une sorte d'idéalisme matérialiste, tandis que le second le ramène, comme il le dit lui-même, « au réalisme
spiritualiste » et lui permet de ressaisir l'objectivité de la nature, le principe de l'activité et
de la liberté, l'âme humaine, et toutes les vé-

---

(1) *Rapport sur la philosophie en France au* XIX⁰ *siècle*, p.
224, 1ʳᵉ édition.

rités dont il avait fait abstraction tout d'abord.
Ayant ainsi subordonné le mécanisme à la finalité, il nous prépare à subordonner la finalité à
un principe supérieur, et laisse entrevoir qu'au
dessus de la science il y a autre chose, à savoir :
la *morale* et la *religion*.

On le voit, la loi morale attire l'attention
des principaux représentants de la philosophie
depuis Kant. Ajoutons que ce point de vue est
également celui des philosophies qui se sont
formées et développées en dehors de Kant.
Jacobi, adversaire du système kantien, est un
partisan de la foi morale. En France, Maine de
Biran, luttant contre le sensualisme de Condillac, rétablit *l'activité* du sujet pensant et montra comment l'homme, au milieu des modifications internes, saisit, sans nul intermédiaire,
le principe qu'on appelle Moi. La spiritualité de
l'âme, la liberté, la personnalité sont un fait
évident et irrécusable, loin d'être la conséquence d'un syllogisme plus ou moins bien
construit. Continuant sa marche vers l'absolu,
il distingua trois espèces de vie dans l'homme :
la vie animale, la vie humaine, et la vie spirituelle. Cette dernière est caractérisée par
l'amour et la soumission prompte et facile de
la volonté aux lois du bien et du beau, dont

Dieu est le centre éternel. C'était une sorte de mysticisme.

Cette doctrine fut continuée par Jouffroy qui, comme Biran, laissa les grandes conceptions sur l'ensemble des choses pour se renfermer dans l'étude du moi, ou absolu psychologique. Le moi, principe des phénomènes psychologiques, est saisi directement par l'observation intérieure, et non pas *conçu* simplement par la raison, comme le prétend Cousin. C'est également par l'ordre *moral* que Jouffroy résout le grand problème de la destinée, qui faisait le tourment et le désespoir de sa vie. On le voit, c'est toujours la même tendance de ne voir de l'absolu que dans la seule volonté; ce sont aussi les mêmes conséquences, à savoir : le mysticisme ou le désespoir.

Cousin s'appliqua davantage à l'étude de la raison, négligée par Maine et Biran. A son tour, il exagéra son point de vue, remplaça la faculté de l'effort de Biran par la faculté de l'absolu, et inventa la fameuse théorie de la raison impersonnelle. D'après ce système, tout acte de connaissance impliquerait à la fois l'idée du moi, du non-moi, et de Dieu. « L'essence de la raison est l'essence de Dieu même, présent en nous *substantiellement*, disait *autre-*

fois M. Bouillier interprétant Cousin (1). Reje-
tée par la philosophie universitaire, cette théorie est devenue la théorie de « l'intuition de
l'absolu ». Nous ne voulons pas apprécier ici
cette doctrine; disons seulement que nos uni-
versitaires, ceux du moins qui prétendent rester fidèles au spiritualisme, et se disent *indépendants*, manquent de clarté et pèchent par
excès de zèle, dans cette épineuse et délicate
question.

Recueillons les résultats auxquels nous
sommes arrivés jusqu'ici. Nous avons vu les
représentants de la pensée contemporaine aboutir, dans leurs conclusions finales, à un Dieu,
à un principe premier, à quelque être transcendant et absolu.

Les uns, poursuivant la chimère de la science
absolue, prétendent expliquer la nature et l'essence même de l'être absolu ; les autres, au
contraire, le déclarent inconnaissable sans toutefois en oser nier l'existence ; d'autres, tout en
voulant garder la neutralité entre l'affirmation
et la négation, n'en finissent pas moins par laisser entrevoir quelque chose sur l'absolu ; d'autres,

(1) Voir *Dictionnaire des sciences philosophiques*. Art.
Raison.

enfin, chez qui ne se manifeste aucun parti pris
à cet égard, croient saisir l'absolu, soit par le sentiment et la volonté, soit par la raison pure, soit
par la conscience.

Il est une autre classe de philosophes qui
sans être ni si ambitieux, ni si pusillanimes, ni
si inconséquents, ni si confiants que les précédents, témoignent, en revanche, plus d'audace
et entreprennent de dissoudre, en quelque sorte,
toutes les notions nécessaires et absolues,
quelle qu'elles soient, en les expliquant par des
notions empiriques, contingentes et relatives.
Ce sont les hardis novateurs qui composent la
jeune école de « la psychologie nouvelle ».

M. Th. Ribot, directeur de la *Revue philosophique*, a particulièrement contribué, par ses
récentes publications, à répandre parmi nous
les idées positivistes et évolutionnistes qui ont
cours aujourd'hui en psychologie. Il a peu de
goût pour la psychologie « *ancienne* », « *a
priori* », « *transcendante* », et prétend construire
une science psychologique à la mode nouvelle,
c'est-à-dire sans s'occuper de l'âme !

Voyons si ce philosophe n'a pas conservé
quelque foi à l'âme. Parlant des phénomènes
internes de l'esprit humain, il s'exprime ainsi :
« L'association est le fond de ces phéno-

mènes, quoiqu'elle ne les explique pas tout entiers (1). » Il y a donc, en nous quelque chose
de plus que des phénomènes *qui se succèdent
et s'associent*; il y a ce quelque chose que
nous appelons absolu, ou l'âme. Au reste, tous
les grands penseurs que les théoriciens de la
jeune école se donnent pour maîtres, ont fait
des aveux beaucoup plus explicites à cet
égard.

Stuart Mill reconnaît, en termes exprès, que
le moi est irréductible à une collection de sensations; « il y a entre elles, dit-il, un lien *inexplicable* : et ce lien, à mon avis, constitue mon
moi (2). »

M. Spencer aussi entrevoit quelque chose au
delà des simples phénomènes internes : « L'esprit, dit-il, tel qu'il est connu par celui qui le
possède, est un agrégrat circonscrit d'activités;
et la cohésion de ces activités l'une avec l'autre
dans l'agrégat *postule quelque chose*, dont elles
sont les activités (3). » Ce quelque chose de
plus, qu'est-ce autre chose que l'absolu de la
substance spirituelle, ou l'âme?

---

(1) Voir Ribot : *La psychologie anglaise*, p. 425.
(2) Voir Fr. Bouillier : *La vraie conscience*, p 115. — Hachette 1882.
(3) *Principes de psychologie* : Chap. de la substance de
l'esprit. — Germer-Baillière.

Même M. Taine, pour qui l'âme n'est qu'un
« paquet de phénomènes », n'est pas éloigné
de faire le même aveu, au dire d'un juge compétent, M. Janet (1). Quoi qu'il en soit, l'auteur de l'*Intelligence* reconnaît « qu'un mouvement ne ressemble en rien à une sensation.
L'analyse, au lieu de combler l'intervalle,
semble l'élargir à l'infini (2) ». C'est aussi l'a-
vis de M. Alexandre Bain, quand il dit : « que
les états de l'esprit et les états du corps sont
entièrement différents...; ils ne peuvent se
comparer (3). »

D'après l'illustre psychologue anglais, la faculté de sentir et de penser est aussi éloignée
que possible de tout ce qui est matériel.
M. Lewes, qui a écrit sur l'histoire de la philosophie, dit à son tour que « le passage du mouvement à la sensation et la transformation de
l'un dans l'autre est inintelligible (4) ». L'his-
torien anglais proteste surtout contre l'exclu-
sion de la métaphysique, dont il a proclamé

(1) Voir M, Janet : *La philosophie française contemporaine,*
p. 111. — Lévy.
(2) Voir Taine : *De l'intelligence,* liv. IV, 2° édit. 1 vol.
(3) Voir Bain : *L'esprit et le corps,* p. 140 et 143, 4° édition. — Germer-Baillière.
(4) Voir Ribot : *La psychologie anglaise contemporaine,*
p. 401.

récemment les droits. Ecoutez l'opinion de Tyndall : « La production de la conscience par un mouvement moléculaire est, pour moi, tout aussi inconcevable que la production du mouvement moléculaire par la conscience (1). » Le philosophe berlinois Dubois-Reymond pense « qu'il n'y a pas de *pont* pour passer du mouvement dans le domaine de l'intelligence, car le mouvement ne produit que du mouvement et pas autre chose (2). »

Que faut-il conclure de ce concert de témoignages des psychologues associationnistes et évolutionnistes, sur l'irréductibilité des phénomènes psychiques aux phénomènes physiologiques? Qu'à côté du mouvement physique, qu'à côté de la vie physiologique, il existe un autre principe, qui est ici encore l'absolu psychologique ou l'âme.

Sur ce terrain, Léon Dumont s'était franchement séparé de la doctrine traditionnelle des positivistes. Il se demande où et comment se produit la sensibilité, s'il n'y a point d'âme (3). Tout en inclinant vers les doctrines nouvelles,

(1) *Revue des cours scientifiques*, 4 déc. 1875.
(2) Voir Bouillier : *La vraie conscience*, p. 41.
(3) *Théorie scientifique de la sensibilité*, chap. v.

Léon Dumont a fini par rétablir la notion de *substance;* et l'on peut dire que toute sa doctrine repose sur l'idée de force et de cause. Substance et cause; voilà donc les deux notions absolues, les plus importantes de la métaphysique, rétablies par un positiviste!

M. Robin abandonne M. Littré dans une autre question de la plus haute importance, celle des causes finales. De même le grand physiologiste Claude Bernard, peu suspect de sympathie pour la métaphysique, reconnaît dans la nature organisée, une idée créatrice et un plan préconçu.

M. Boutroux nous montre « qu'à tous les étages de la nature apparaît un nouveau principe qui est une véritable addition; qu'aux propriétés géométriques s'ajoutent dans la matière, les propriétés physiques; qu'à la matière s'ajoute la vie; qu'à la vie s'ajoute la conscience (1). »

M. Naudin, dans une lettre à M. Joly, dit qu'à son avis, il existe un abîme entre la matière brute et les formes les plus simples de la vie, et que cet abîme est « infranchissable »...; « il

(1) Voir Boutroux : *La contingence des lois de la nature.* — Germer-Baillière.

y a comme deux mondes antagonistes et irré-
conciliables, qui diffèrent autant l'un de l'autre
que *quelque chose diffère de zéro* (1). » Remarquons que M. Naudin est transformiste, mais
sans être partisan du darwinisme. Au reste,
quelle que soit la valeur de certaines théories
transformistes et évolutionnistes, nous n'avons
pas à les juger; c'est affaire à la science de dé-
cider quelle part de vérité elles peuvent con-
tenir.

Certains philosophes, au lieu de nier l'existence d'un principe spécial dans l'homme, prétendent trouver des âmes dans toutes les cellules
de l'organisme. Ce sont, en France, Durand de
Gros et M. Bertrand; en Allemagne, M. de
Hartmann et Hœckel. Ce n'est pas ici le lieu de
discuter l'animisme polyzoïste, ni la psychologie cellulaire; retenons-en le principe, c'est
qu'il y a des âmes et des consciences.

D'autres, tels que MM. Espinas, Fouillée,
Renan, semblent admettre une conscience col-
lective, unique pour une foule d'individus séparés. Mais l'opinion de ces philosophes ne
saurait en rien affirmer notre thèse. Le pre-

(1) Cité par M. H. Joly dans son ouvrage : *L'homme et
l'animal*, p. 201. — Hachette, 1877.

8

mier, M. Espinas, paraît reconnaître le *carac-tère absolu* de la conscience, à savoir l'impénétrabilité. Quant à MM. Fouillée et Renan, nous savons déjà qu'ils ont leur métaphysique.

La nouvelle école psychologique allemande, qui s'occupe spécialement de psychologie objective, c'est-à-dire de psycho-physique ou de psycho-physiologie, avoue, en général, que sa méthode n'est pas opposée à la méthode d'observation intérieure, fondée sur l'autorité de la conscience (1).

En Italie la pensée philosophique n'a pas perdu de vue l'absolu. Les Galuppi, les Gioberti, les Mamiani, les Rosmini sont ou des semi-rationalistes, ou des spiritualistes très favorables à la métaphysique.

Pour achever le tableau de la pensée contemporaine, il faudrait citer nos plus éminents spiritualistes, tels que MM. Ravaisson, Janet, Franck, Nourrisson, Caro, Bouillier, Beaussire, Ferraz, Joly, Rabier et surtout des philosophes catholiques comme MM. A. de Margerie, Th. H. Martin, de Broglie (l'abbé), Ollé-Laprune, A. Charaux; mais ce serait pure superfétation;

(1) Voir un article de M. Wundt, dans la *Revue philosophique,* avril 1882.

tout le monde sait avec quel courage et quelle vigueur les uns et les autres prennent la défense de l'absolu contre la philosophie dissolvante du phénoménisme.

DEUXIÈME PARTIE

Essayer de proscrire la métaphysique, de la rayer du cadre des connaissances humaines, est une tentative chimérique; c'est une tâche ingrate et dont le succès est à tout jamais impossible. Nous croyons avoir le droit de tirer une telle conclusion de l'exposé que nous venons de faire, des faits historiques que nous avons signalés, et qui nous ont permis d'établir notre loi. Or une loi de la nature, soit physique, soit morale, est quelque chose de fixe, d'invariable, et non susceptible de changement, du moins dans les limites connues, entre lesquelles se développent et se succèdent les phénomènes du monde et ceux de l'esprit humain. Le transformisme, quoi qu'on en pense, ne saurait faire obstacle à notre loi, car elle est le résultat constant de faits qui remontent au berceau de l'humanité. Et c'est précisément parce que à travers les âges de la vie humaine nous avons

8.

toujours rencontré les mêmes faits psychologiques dûment établis que nous croyons à la stabilité de notre loi, comme les savants croient à
la stabilité des lois de la pesanteur, et que nous
sommes autorisés à rejeter l'évolutionnisme
psychologique. Nous voyons tous les philosophes dignes de ce nom s'occuper de quelque
absolu; nous voyons ceux qui, par exception,
semblent ne vouloir s'attacher qu'au relatif,
rebrousser chemin, et chercher à fixer leurs
pensées et leurs sentiments dans quelque absolu; il faut donc à l'homme une métaphysique.
Soit, nous dira-t-on peut-être, l'homme se
trouve trop à l'étroit dans le domaine du phénoménisme; il a besoin d'horizons plus vastes,
il lui faut la solution de certains problèmes qui
l'intéressent au plus haut point, la satisfaction
de certains instincts supérieurs, mais la science
d'aujourd'hui n'a-t-elle pas de quoi satisfaire
toutes les exigences de notre esprit, tous les
nobles et impérieux besoins de l'humanité; à
quoi bon une philosophie, une métaphysique,
la science expérimentale suffit amplement aux
générations actuelles.

Cette seconde tentative est tout aussi chimérique que la première. Il est tout aussi impossible de rayer l'ancienne métaphysique du

cercle des connaissances humaines que de la remplacer par la science expérimentale. Et ici nous prenons à témoin les princes de la science qui déclarent eux-mêmes les principes et la méthode de la science absolument insuffisants à résoudre les grands problèmes philosophiques. Ils avouent que cette prétention de la science positive à faire une métaphysique, une psychologie, une morale purement *scientifiques* est absolument vaine et ne saurait rendre compte de tous les faits intellectuels et moraux que nous constatons dans la nature humaine. Le problème de métaphysique par excellence est celui des origines et des fins; c'est donc celui-là que la science devra résoudre avant tout.

Quelle est l'origine de l'univers, l'origine de la vie, l'origine de l'homme? Y a-t-il de l'ordre et de la finalité dans l'univers, dans la vie et dans l'homme? Voilà sur quoi notre cœur et notre esprit demandent des certitudes, et sur quoi la science, en admettant qu'elle soit compétente en pareille matière, est chargée de nous répondre. — Le système scientifique en vogue qui a la prétention de nous donner des solutions sur les questions d'origine est le *monisme.*

Au lieu d'un Dieu, cause première, intelligente, transcendantale de l'univers, on admet

l'existence d'une atome nécessaire, éternel,
doué d'un mouvement éternel, une substance
unique, une loi naturelle unique, perpétuellement agissante donnant raison de tout ce qui
est, de l'origine et du développement indéfini
de toute chose. (Hæckel.)

Sans parler des contradictions qu'ily a à admettre : 1° l'existence *éternelle* d'une substance
inerte, dépendante, divisible, mobile ; 2° l'existence d'un mouvement éternel et infini, sans
moteur, sans aucune impulsion extérieure ; 3°
l'existence d'un mouvement purement mécanique alors que le *processus* évolutif, tel que
nous le voyons aujourd'hui sous nos yeux, se
manifeste avec des forces déterminées, avec une
certaine direction et tend vers quelque but évident, sans parler (1), dis-je, de ces contradictions
et de bien d'autres que nous ne pouvons repro-
duire ni mentionner ici, nous nous contente-
rons de citer les opinions de ceux qui passent
pour être des savants, et en particulier de ceux
qui ont fait école. Dans sa lettre à M. Renan :
La science idéale et la science positive, M. Berthelot écrit : « La science positive ne poursuit
ni les causes premières ni la fin des choses ;

(1) Nous rappelons ici à nos lecteurs la célèbre expérience
de Plateau.

mais elle procède en établissant des faits par
l'observation et par l'expérience... Elle les
compare, elle en tire des relations, c'est-à-dire
des faits plus généraux qui sont à leur tour, et
c'est là leur seule garantie de réalité, vérifiés
par l'observation et par l'expérience. C'est la
chaîne de ces relations qui constituent la
science positive (1). »

Tel est aussi le langage de M. Quatrefages
quand il dit : « A ceux qui m'interrogent sur le
problème de nos origines, je n'hésite pas à répondre au *nom de la science* : Je ne sais pas (2). »
De même M. Pasteur : « La science expérimentale est essentiellement positiviste, en ce
sens que, dans ses conceptions, jamais elle ne
fait intervenir la considération de l'essence des
choses, de l'origine du monde et de ses des-
tinées. » Et encore M. Littré: « L'expérience
n'a prise aucune sur les questions d'essence et
d'origine (3). » Parmi les sept énigmes que la
science est impuissante à résoudre, le célèbre
professeur de Berlin, M. *Dubois-Reymond* place
en première ligne : l'origine du mouvement.

(1) Berthelot : *La science idéale et la science positive.*
Lettre à M. Renan.
(2) *L'espèce humaine*, livre II, chap. XI.
(3) *La science au point de vue philosophique.*

Cet aveu a d'autant plus de valeur que M. Dubois-Reymond est partisan de la doctrine mécaniste.

S'agit-il de l'origine de la vie, nous rencontrons de nouveau une foule de savants, parmi
lesquels des chefs d'école et des maîtres de la
science, peu suspects de tendances métaphysiques, qui avouent leur incompétence sur ce point.

Disons d'abord que les savants s'accordent
peu sur la définition de la vie. Claude Bernard
dans une leçon fort intéressante où il insistait
sur l'impuissance de la physiologie à définir la
vie, passe en revue les définitions les plus célèbres (Aristote, Cuvier, Herb. Spencer, Burdach,
Bichat) et conclut en ces termes : « En résumé,
il n'y a pas moyen de définir ou de caractériser
la vie par un trait exclusif. Les tentatives qu'on
a faites de tout temps sont obscures ou incom-
plètes ou erronées (1). »

Mais si la biologie se trouve dans l'impossibilité de nous donner une définition scientifique, universellement acceptée, est-elle du
moins à même de nous fournir quelques éclair-
cissements sur l'origine et les commencements
de la vie. Pas davantage, puisque les plus au-

(1) *Revue scientifique*, 1er décembre 1877.

torisés parmi les savants actuels n'hésitent pas
à se déclarer incompétents. Dubois-Reymond
met l'origine de la vie au nombre de ses sept
énigmes; Huxley est d'avis que « la science n'a
aucun moyen de se former une opinion sur les
commencements de la vie » et qu' « on ne peut
faire que de simples conjectures sans aucun caractère scientifique (1) »; Virchow ne fut pas moins
affirmatif au congrès des naturalistes (1877)
dans sa réponse à M. Hæckel: « A mon sens, dit-
il, sur le second point de la jonction du règne
organique au règne inorganique, nous devons
simplement reconnaître qu'en réalité nous ne
savons rien. Nous ne pouvons pas présenter
une hypothèse sous la forme de la certitude,
un problème sous la forme d'une théorie éta-
blie (2). » Tyndall énonce à peu près la même
opinion en ces termes : « Les hommes véritablement *scientifiques* avouent franchement ne
pouvoir apporter aucune preuve satisfaisante
de l'origine de la vie sans une vie antérieure
démontrée (3). » Voilà quelle est l'attitude des
savants en face du problème de la vie : ils pro-

(1) Voir Duilhé de Saint-Projet, *op. cit.* p. 202.
(2) *Revue scientifique*, 8 déc. 1877. — M. Oscar Shmidt,
professeur de Strasbourg, a fait également ses réserves au
sujet de la théorie de Hæckel.
(3) V. Duilhé de Saint-Projet, *op. cit.* p. 204.

noncent un solennel *ignoramus*. Il nous reste à voir quelles sont leurs opinions sur les divers systèmes scientifiques qui ont été inventés pour donner quelque explication de l'origine de la vie. La science possède une certitude, un fait indéniable : c'est que la vie n'a pas toujours existé sur le globe, qu'elle a eu un commencement, mais cela ne suffit pas aux adversaires de l'absolu, aux tenants du monisme. Il faut écarter l'intervention créatrice de l'Etre absolu et faire sortir de l'atome matériel le germe vivant ou la vie.

De là le système si retentissant de *l'évolution* séculaire de la matière inorganique en matière organique sous la seule action des forces mécaniques fatales, inhérentes à l'atome éternel. Pour les partisans de cette doctrine, l'atome vivant n'est autre chose qu'une transformation nécessaire de l'atome matériel, sans intervention d'aucune cause créatrice étrangère quelconque.

On sait que c'est le célèbre professeur d'Iéna, Haeckel, qui enseigna cette théorie dans cette ville, d'où elle eut un très grand retentissement. Haeckel prétend que les formes de la nature organique sont les produits des forces naturelles tout aussi bien que les formes de la nature inorganisée, et de cette prétendue vérité scientifique il tire la conclusion philosophique suivante. « Quand le dualisme théologique cherche dans les merveilles de la nature les idées arbitraires d'un créateur capricieux, le monisme considérant les véritables causes, reconnaît dans les phases évolutives les effets nécessaires des lois naturelles, éternelles et inéluctables (1). »

Quelle est maintenant aux yeux des hommes de la science la valeur de la théorie haeckelienne? Pour s'en faire une idée juste il faut distinguer deux choses : l'hypothèse scientifique sur laquelle elle repose, c'est-à-dire la génération spontanée ou l'hétérogénie et l'interprétation doctrinale, philosophique qu'en donnent Haeckel et son école.

Pour ce qui est de la génération spontanée, c'est-à-dire, suivant la définition même de Haeckel, la production d'un individu organique sans parents, c'est un problème purement scientifique et à parler philosophiquement on peut dire que ni la foi ni la philosophie n'y sont directement intéressées, quelle qu'en soit la solution, car la grandeur et la puissance de Dieu

_____

(1) *Histoire de la création des êtres organisés.*

9

créateur n'éclatent pas moins dans la production d'un être doué de vie, venant d'un être inorganique que dans celle d'un être vivant qui vient d'un corps brut. Mais la théorie scientifique de la génération spontanée est condamnée par la science, et ceux-là même qui avaient le plus d'intérêt à la défendre l'ont abandonnée comme les autres. On se rappelle le fameux débat qui s'était engagé à ce sujet, il y a une trentaine d'années, entre M. Pouchet et M. Pasteur, débat qui a eu pour issue la condamnation de l'hétérogénie. L'expérience scientifique démontre que tout être vivant vient d'un autre être doué de vie, et M. Tyndall, savant compétent mais très sympathique à la doctrine hétérogéniste, finit par arriver par de nouveaux procédés aux mêmes conclusions que M. Pasteur.

Mais M. Haeckel ne se tient pas pour battu et il croit avoir trouvé la substance homogène, sans organes, capable de donner naissance aux organismes les plus merveilleux, c'est la *monère*.

D'après le professeur d'Iéna, « les monères sont les plus simples des organismes que nous connaissions et même que nous puissions concevoir, des corpuscules informes, de petite di-

mension, habituellement microscopiques. Elles
sont constituées par une substance homogène,
molle, albumineuse ou muqueuse, sans struc-
ture, sans organes; mais elles n'en sont pas moins
douées des principales propriétés vitales. Les
monères se meuvent, se nourrissent, se repro-
duisent par segmentation (1). » Haeckel cherche
à consolider sa théorie monistique par des expli-
cations ingénieuses et à l'aide de termes sonores,
mais nullement au moyen de vérités scientifiques, dûment démontrées. Il prend plaisir à décrire la transition naturelle de la matière brute
en matière vivante et il nous parle d'*archigonie*
autogonique, de *archiplasson*, de l'*oplasson*, —
cette dernière substance étant destinée à former toute substance organisée. — Il ne s'étend
pas moins sur les formes de la vie et les stades
embryonnaires de l'être vivant qui naît et se
développe (stades *monerula*).

Tout cela est habile et bien fait pour plaire
à des esprits superficiels et avides de nouveau-
tés, mais il vaudrait mieux pour le besoin de
la cause, construire sur des bases solides un si
vaste et si prétentieux système, et chercher dans
des faits scientifiquement certains la démons-

----

(1) *Anthropogénie.*

tration d'une doctrine destinée à remplacer le dogme spiritualiste et chrétien de la création. Malheureusement il n'en est pas ainsi. Nous ne trouvons que des conjectures là où il nous faudrait des faits établis par l'expérience positive, et quand les savants du monisme haeckelien sont invités à fournir leurs preuves, ils nous apportent quelques apparentes analogies ; des conjectures, des hypothèses habillées de quelques termes fort vagues et discrets. « Les monères primitives sont nées par génération spontanée dans la mer, comme les cristaux salins naissent dans les eaux-mères ; elles provinrent au commencement de la période laurentienne, de composés inorganiques, simples combinaisons de carbone, d'acide carbonique, d'hydrogène et d'azote... le petit nombre de matériaux, qui suffisent à la composition de l'organisme le plus complexe, se trouvant en présence dans l'océan primitif, la *vie dut* se manifester dès le début de cette époque, sous l'action multiple de l'affinité chimique, de l'électricité, de la chaleur solaire, d'une pression énorme, de mille autres causes inconnues.... »

C'est donc la mer qui aurait donné naissance à l'heureuse monère autogone, cet élément primordial de tous les organismes vivants, et pour

montrer ce que vaut une pareille affirmation,
nous reproduirons l'histoire bien connue, mais
fort égayante du *Bathybius*.

C'était en 1868, M. le professeur Huxley pré-
tendit avoir découvert dans les profondeurs de
la mer un mucus amorphe, une sorte de gelée
molle et visqueuse, de gypse précipité ou de
plâtre détrempé qui devait être une production
spontanée du protoplasme ou élément primitif
des êtres organisés. Il dédia sa découverte à son
ami Haeckel et certains livres font mention de
ce Bathybius sous le nom de : *Bathybius Hae-
ckelii.*

Mais voici que les savants qui se sont mis à
la recherche de ce *mucus* amorphe, de cette remarquable monère appelée par Haeckel « la
maîtresse colonne de la théorie moderne de
l'évolution », ou bien ne l'ont pas trouvé là où
il devait être, ou bien ont découvert simplement du sulfate de chaux qui avait entraîné
dans sa chute de la matière organique, des
mucosités provenant de certains zoophytes dont
les tissus avaient été froissés par le contact des
engins de pêche. Les recherches faites à bord
du *Travailleur* où l'on n'avait rien négligé pour
trouver et étudier le Bathybius ont été résu-
mées par M. Milne-Edwards dans la séance de

l'Institut, le 15 octobre 1882. « Souvent, dit
l'honorable professeur, au milieu de la vase,
nous avons vu cette substance énigmatique;
nous l'avons soumise à l'examen du microscope, et nous avons cru reconnaître qu'elle ne
méritait pas l'honneur qui lui avait été fait et
les pages éloquentes qui lui avaient été consa-
crées.

Le Bathybius n'est qu'un amas de mucosités que les éponges et certains zoophytes
laissent échapper quand leurs tissus sont froissés par le contact des engins de pêche? Le Bathybius, qui a trop occupé le monde de la
science, doit donc descendre de son piédestal et
rentrer dans le néant. »

Telle est la fin tragico-comique du Bathybius;
on avait fait beaucoup de bruit autour de cette
monère merveilleuse; on en a beaucoup ri et
M. Huxley lui-même a eu le bon esprit d'avouer
son erreur non sans quelque humour. C'était
au congrès de l'Association britannique en
1873 à Scheffield. Quand dans son discours
d'ouverture M. le président Allmann rappela
l'ingénieuse découverte du Bathybius, Huxley
demanda la parole pour une affaire personnelle
et prononça les quelques spirituelles paroles
qui suivent et qui lui font honneur : « Votre

président a fait allusion à une certaine... chose.

— Je ne sais en vérité si je dois l'appeler une chose ou autrement (*rires*) — qu'il a nommé devant vous *Bathybius*, en indiquant ce qui est parfaitement exact, que c'était moi qui l'avais fait connaître ; tout au moins c'est bien moi qui l'ai baptisé (*nouveaux rires*) et, dans un certain sens, je suis son plus ancien ami. (*Éclats de rire.*) Quelque temps après que cet intéressant Bathybius eut été lancé dans le monde, nombre de personnes admirables prirent cette petite chose par la main et en firent une grande affaire. (*Nouveaux rires.*) Les choses allaient donc leur train et je pensais que mon jeune ami Bathybius me ferait quelque honneur (*rires*), mais j'ai le regret de dire que, avec le temps, il n'a nullement tenu les promesses de son jeune âge. (*Éclats de rire.*) Tout d'abord, comme vous l'a dit le président, on ne réussissait jamais *à le trouver là* où l'on devait attendre sa présence, ce qui était fort mal (*rires*), et de plus, quand on le rencontrait, on entendait dire sur son compte toutes sortes d'histoires. En vérité, je regrette d'être obligé de vous le confesser, quelques personnes d'esprit chagrin ont été jusqu'à prétendre que ce n'était rien autre chose qu'un précipité gélatineux de sulfate de

chaux, ayant entraîné dans sa chute de la matière organique. (*Rires.*) »

Pour en finir avec le Bathybius, nous ajouterons qu'un savant (anglais), M. John Murray
dressa dans le *Challenger* un procès-verbal
authentique, un acte mortuaire en bonne et
due forme, où les constations les plus écra-
santes sont réunies pour affirmer l'écroulement
définitif du Bathybius : « J'ai connu, dit-il, un
excellent naturaliste qui, faisant passer de la
vase à travers ses doigts, disait qu'elle était
vivante par la présence que lui communiquait
son toucher gluant et graisseux... J'ai vu plusieurs savants perdre leur sang-froid vis-à-vis
de moi lorsque je leur disais qu'une méprise
avait été commise à ce sujet et que Huxley,
Hœckel et autres avaient été induits en errreur
par une circonstance quelconque. »

Malgré toutes ces découvertes, il reste cependant aux monistes quelque espoir; ils ont foi
dans l'avenir et ils comptent bien que la science
finira par trouver l'explication de l'origine de la
vie sans recourir à l'intervention divine. Ainsi
entre autres M. Soury, le traducteur de Hœckel
dans sa préface des *Preuves du transformisme.*
A cette prétention, certains savants ont répondu d'avance : « L'impuissance de la science

expérimentale, dit M. Papillon (1), à convertir
en énergies d'ordre vital les activités physico-
chimiques devient chaque jour plus manifeste. »
C'est aussi l'avis du maître de Hœckel, M. Virchow : « On ne connaît pas un seul fait positif
qui établisse qu'une masse inorganique, même
de la société Carbone et C^io, se soit jamais trans-
formée en masse organique. Et pourtant, si je
ne veux pas croire qu'il y ait un créateur spécial, je dois recourir à la génération spontanée ;
la chose est évidente, *tertium non datur*. Quand
une fois on dit : — Je n'admets pas la création
et je veux une explication de l'origine de la
vie, — on émet une première thèse, mais il faut
arriver, bon gré mal gré, à la seconde, *ergo*, j'admets la génération spontanée de matière organique ; ce ne sont pas les théologiens, *ce sont
les savants qui la repoussent*.... Il faut opter entre
la génération spontanée et la création ; à parler
franchement, nous, savants, nous aurions une
petite préférence pour la génération spontanée. Ah! si une démonstration quelconque ve-
nait à surgir.... mais je pense que nous avons
encore le temps d'attendre (2). »

(1) *Revue des Deux-Mondes*, 1er janvier 1873.
(2) *Revue scientifique*, 8 déc. 1877.

9.

Puis M. Virchow rappelle qu'avec le Bathybius l'espoir d'une démonstration a disparu une
fois de plus.

Il existe une troisième origine que l'on voudrait expliquer au moyen de la seule observation scientifique, c'est celle de l'homme. Pour
résoudre cette question, le monisme anthropologique contemporain tient à sa disposition la
doctrine de : *la descendance animale de l'homme.*
Aucune différence essentielle, dit-on, n'existe
entre la bête et l'homme, et celui-ci procède de
celle-là par transformation. Comme on le voit,
la question est encore double et se décom-
pose en ces deux autres :

1° Qu'est-ce que l'homme ?

2° D'où vient l'homme ?

En d'autres termes la nature humaine est-
elle absolument la même que la nature purement animale ? et y a-t-il seulement entre
elles une différence de degré au lieu d'une différence essentielle, d'une part; et d'autre part,
l'ancêtre immédiat de l'homme est-il un homme
ou un singe? Il n'est guère possible de nier
qu'il existe dans l'homme certains phénomènes
absolument différents de ceux que nous constatons dans la bête. Et cependant, on peut en-
tendre, de-ci de-là, certains psychologues nier

cette distinction si radicale. M. Charles Richet, autant dans la *Revue des Deux-Mondes* et dans la *Revue scientifique* dont il est le directeur, que dans les ouvrages qu'il publie, semble s'être donné pour mission d'établir la limite entre les trois règnes et de la réduire à un minimum quasi imperceptible : « Entre l'homme et l'animal, dit-il dans son dernier ouvrage, il n'y a guère de limite. Il n'y a guère de limite entre l'animal et la plante, et les origines de la psychologie sont dans les origines mêmes de la vie (1). » (Introduction, p. IX). Et dans la conclusion de ce même livre, il attribue aux animaux la même essence qu'à nous. « Leur intelligence et la nôtre sont des forces de même nature, quoique d'intensité différente. S'ils sont tout mécanisme, nous sommes, nous aussi, tout mécanisme (p. 192). »

On a entassé, depuis des siècles, systèmes sur systèmes, hypothèses sur hypothèses, descriptions sur descriptions, dans le but de combler l'abîme qui existe entre l'espèce humaine et l'espèce purement animale et de prouver que les phénomènes intellectuels et moraux appelés psychiques sont loin d'être irréductibles.

(1) *Essai de psychologie générale*, 1887. — Félix Alcan.

aux phéhomènes purement physiologiques. A l'heure qu'il est, on s'efforce de démontrer scientifiquement que la barrière qui sépare l'animal de l'homme peut parfaitement être franchie par voie de transformation ou d'évolution.

Il n'entre pas dans le cadre de cette étude d'exposer toutes ces théories de mérite fort inégal, encore moins d'en entreprendre la réfutation, on l'a fait maintes fois ; de nouveaux livres paraissent chaque jour où ces erreurs sont savamment réfutées, où ces faux systèmes sont habilement réduits à néant. Nous demeurerons fidèle à notre plan et nous enregistrerons les jugements des savants et des philosophes en renom sur ce grave problème.

MM. Littré et Robin accordent que la faculté d'abstraire et de généraliser constitue une condition nécessaire du langage conventionnel et que la raison humaine *seule possède ce pouvoir.*

Or *l'universel* que l'esprit humain est capable de concevoir est précisément le caractère distinctif qui sépare l'intelligence humaine de celle de l'animal ; la raison ou faculté de l'absolu manque absolument à la bête. Nous sommes bien loin de vouloir soutenir qu'il n'existe aucune ressemblance psychologique entre nous et les animaux ; comme nous, ils possèdent la connaissance sensible qui a pour objet le particulier et le concret. Ils jouissent, souffrent et se souviennent, associent des impressions extérieures, connaissent des choses sensibles comme nous, mais ils ne peuvent ni abstraire, ni généraliser, ni saisir l'absolu, les notions et les vérités premières; ils ne sont ni libres ni responsables, ni doués de la connaissance purement intellectuelle.

« Faut-il, dit M. Rabier, accorder à l'animal l'intelligence proprement dite ; l'animal, non content d'associer des données sensibles, dégage-t-il expressément les rapports inclus dans ces données ? L'âne de Buridan, par exemple, également sollicité par ses deux bottes de foin et immobile entre les deux, a-t-il l'idée expresse de l'égalité ? L'animal qui après le phénomène A s'attend au phénomène B a-t-il l'idée que A est la *condition nécessaire* et suffisante de B? L'animal qui d'une idée est conduit à une autre et de celle-ci à une troisième, a-t-il l'idée de l'identité, a-t-il l'idée de la preuve? Si vraiment l'animal est capable de tout cela, c'est à lui de faire la preuve. Qu'il le dise donc ? Car dans ce cas, qu'est-ce qui l'empêcherait de le dire? Qu'il le dise par ses paroles, et qu'il le dise

aussi par ses actions et par ses progrès (1)? »
On voudra peut-être nous accorder que les
manifestations psychologiques de l'homme diffèrent de celles de l'animal, mais pour en dimi-
nuer la distance et en atténuer la portée, l'an-
thropologiste matérialiste ne verra dans ces
phénomènes que du mouvement, du mécanisme.
« Intelligence, instinct, action réflexe, écrit
encore M. Charles Richet, tels sont donc les
trois termes de la psychologie. Entre ces trois
formes de l'activité, il n'y a *pas de barrière*, il
n'y a pas d'hiatus, il n'y a pas d'abîme. La
gradation est régulière, sans fissure, sans lacune (2). » Voilà pourquoi on réduit la pensée à
la pure sensation, et celle-ci à l'action réflexe
ou au mouvement, c'est-à-dire les phénomènes intellectuels et moraux aux phénomènes
physiologiques, et ceux-ci aux phénomènes
mécaniques et aveugles.

A ces théories matérialistes nous pouvons
opposer les témoignages d'hommes qui ont ac-
quis une grande notoriété en philosophie et en
science.

Le psychologue anglais Bain, dit : « que les

(1) *Leçons de philosophie*, vol. I, p. 671.
(2) *Op. cit.* Introduction, p. 8.

états de l'esprit et les états du corps sont entièrement différents et ne peuvent se comparer
entre eux. » Et Tyndall : «. La production de
la conscience par un mouvement moléculaire
est pour moi tout aussi inconcevable que la
production du mouvement moléculaire pour
la conscience. » (Voir plus haut, p. 113.)

M. Taine ne croit pas non plus à l'identité de
ces deux sortes de phénomènes : « un mouvement quel qu'il soit, rotatoire, ondulatoire ou
tout autre ne ressemble en rien à la sensation
de l'amer, du jaune, du froid ou de la douleur,
Nous ne pouvons convertir aucune de ces conceptions en l'autre; et partant, les deux événe-
ments semblent être de qualité absolument
différente. » Sans doute l'auteur de *l'Intelligence*, après avoir proclamé que les deux évé-
nements ne sauraient être conçus que comme
irréductibles l'un à l'autre, semble vouloir revenir sur son aveu, en ajoutant que cette in-
compatibilité est peut-être apparente, non
réelle. Mais M. Taine fait là une sorte de cercle
vicieux en voulant mettre la différence non
dans les faits eux-mêmes, mais dans les modes
différents dont ils sont appréhendés, comme si
l'on pouvait changer la nature d'un fruit en
prenant connaissance de ses propriétés par

trois sens à la fois : la vue, le toucher et le goût.

Dubois-Reymond reconnaît : « Qu'aucun mouvement ni arrangement de parties matérielles ne peut servir de *pont* pour passer dans le domaine de l'intelligence. » Ajoutons que Spencer lui-même croit que nous sommes incapables de voir et d'imaginer quel rapport il y a entre la sensation et le mouvement réflexe, opinion sur laquelle renchérit Alexandre Bain, en disant que la faculté de sentir et de penser est « aussi éloignée que possible de tout ce qui est matériel ». Disons donc avec M. Fouillée : « Avec du pur mécanisme on ne fera jamais, ni de la pensée, ni du plaisir, ni de la douleur, ni du désir, ni de l'instinct (1). »

Mais si la sensation que d'ailleurs nous avons de commun avec les animaux est irréductible au mouvement, pourrait-on au moins réduire l'idée à la sensation, le phénomène intellectuel au phénomène purement sensitif ?

Herbert Spencer le pense et il nous dit que *l'idée* n'est qu'une série intégrée de sensations semblables, de même que la sensation est une série intégrée de chocs nerveux, et l'intelli-

_____

(1) *Revue des Deux Mondes*, 15 octobre 1886, p. 894.

gence elle-même n'est autre chose qu'une
simple correspondance entre l'être pensant et
les coexistences ou séquences externes que ré-
flète la pensée, comme la vie n'est qu'une correspondance entre l'être et son milieu (1). Au
fond, Spencer voudrait réduire l'intelligence à
la fameuse loi de l'association si chère aux philosophes anglais. Nous verrons plus loin que
lui-même la croit insuffisante pour rendre
compte des phénomènes intellectuels et d'ailleurs nous pourrions répondre avec M. Henri
Joly (2), que cette loi d'association n'explique
pas la nature des choses associées, mais les unit
seulement, et que surtout elle n'explique pas
l'intelligence. Quant au point initial de l'intelligence, Spencer le place dans l'action réflexe.
On appelle généralement action réflexe un
phénomène dans lequel l'action des nerfs sensitifs se transmet aux nerfs moteurs d'une manière spontanée plus ou moins consciente, ou
même sans l'intervention du cerveau ni de la
volonté; elle est réflexe puisque l'innervation,
qui est remontée le long des nerfs sensitifs, paraît, en atteignant les centres, en quelque sorte

(1) Voir M. Ribot, *Psychologie anglaise*, p. 195.
(2) *L'homme et l'animal*, p. 200.

se réfléchir et reprendre un chemin inverse en suivant les nerfs moteurs. Si nous en croyons le philosophe anglais, dans l'action réflexe simple une seule impression est suivie d'une seule contraction ; dans l'action réflexe composée une seule impression ou une combinaison d'impressions sont suivies d'une combinaison de contractions.

L'instinct n'est que l'action réflexe composée et la transformation de l'action réflexe simple en action réflexe composée (c'est-à-dire en instinct) s'explique par l'accumulation des expériences et la transmission héréditaire. *La mémoire* consiste à ressentir à un faible degré, les états internes qui accompagnent le mouvement; « c'est un simple commencement d'excitation de tous ces nerfs dont une excitation plus forte a été éprouvée durant le mouvement. » *La raison*, au lieu d'être une correspondance simple et générale entre les rapports internes et les rapports externes, est une correspondance entre les relations internes et externes, très complexes ou spéciales, ou abstraites ou rares. Telle serait l'évolution des facultés cognitives. Quant à l'évolution des sentiments, elle consiste aussi dans un développement des correspondances; leur progrès se fait par addition,

par accroissement en complexité. Les affections et la volonté elle-même ne seraient qu'un
aspect de ce même processus général, d'où sont
sortis l'instinct et la raison.

Chaque évolutionniste veut établir la genèse
des états de conscience. Alexandre Bain donne
surtout de l'importance aux courants nerveux
et regarde le phénomène physique comme la
vraie cause du phénomène moral. Selon lui,
l'idée ne serait qu'une réalité affaiblie. Pour
M. Richet « l'intelligence semble être un mécanisme explosif avec conscience et mémoire (1) ».
Il accorde qu'il s'y trouve une prodigieuse
complication, mais, ajoute-t-il, « si complexe
que soit l'appareil, chaque acte est déterminé
par des conditions fatales, des lois inexorables,
lois de mouvements réflexes, lois d'inhibition,
lois d'excitation, lois d'association. »

On voit combien toutes ces théories sont
obscures et hypothétiques, et combien peu solides sont les preuves qu'on apporte dans le but
de montrer que des mouvements nerveux peuvent jaillir les phénomènes internes de la conscience et de la pensée. Que les courants nerveux soient simples ou composés, directs ou

(1) *Op. cit.*, p. 192.

réflexes ; qu'il y ait intégration ou désintégration du système nerveux, tout cela n'est pas clair et n'explique nullement la conscience. Le conflit de ces forces ne peut aboutir qu'à une centralisation ou à une force de même nature que les composantes. Or l'action réflexe est objective et vue du dehors ; l'acte psychique est subjectif et vu du dedans. La première est connue, le second connaît ou se connaît ; le premier phénomène, quoique lié au second, ne saurait être atteint que par un instrument ou procédé différent de lui, à savoir les sens et l'expérience externe ; le second phénomène est connu directement, sans raisonnement et sans intermédiaire par la conscience et l'expérience interne, que nous révèle notre moi, personnalité vivante, et réalité durable, toujours identique à elle-même. Sans doute l'expérimentation n'est pas absolument impossible en psychologie, car le psychologue peut se mettre dans les circonstances où il sait que les phénomènes se produiront, afin de mieux les étudier ; mais au fond, ce sont toujours des états de conscience qu'il s'agit d'observer et d'interpréter.

Quant à l'application du calcul à la psychologie, elle n'est possible que lorsqu'il s'agit de

mesurer et de comparer les conditions purement physiques ou physiologiques des phénomènes intérieurs. Vouloir mesurer avec le mè-
tre l'épaisseur ou la hauteur d'une pensée, ou
représenter l'intensité d'une idée par une frac-
tion numérique est une entreprise chimérique.
La fameuse loi de Fechner, suivant laquelle
l'intensité de la sensation croît selon le loga-
rithme de l'excitation, est elle-même l'objet de
sérieuses critiques de la part de savants allemands, tels que Brentano, Bernstein, Héring (1).

La psycho-physique et la psycho-physiologie
qui étudient les états de conscience, l'une dans
leurs rapports avec les phénomènes physiques,
l'autre dans leurs rapports avec les états physiologiques qui leur correspondent, sont des
sciences parfaitement légitimes, pourvu toutefois qu'elles ne s'aventurent pas sur un terrain
qui n'est pas le leur et qu'elles n'élèvent pas
la prétention de prendre la place de la psychologie ancienne fondée sur l'observation ; en
restant dans leurs limites respectives, elles pourront même devenir d'utiles auxiliaires de la
psychologie. Accordons à la psycho-physiologie, dit Mgr d'Hulst, « tout ce qu'elle réclame

(1) V. Ribot : *La psychologie allemande*, chap. VI.

légitimement aujourd'hui, tout ce qu'elle pourra
être en droit de réclamer demain en lui refusant seulement ce qu'elle ne peut revendiquer
sans usurpation, le côté intérieur, conscient,
psychologique, en un mot, des faits dont elle
observe le dehors (1). »

Mais quelque intimes que soient les relations qui unissent entre elles les opérations intellectuelles et les faits physiques ou physiologiques, la différence et la distinction entre les
deux sortes de phénomènes n'en demeurent pas
moins. Il existe dans les faits psychiques quelque chose, un absolu dont les associationnistes
et les évolutionnistes, ceux-là mêmes qui vou-
draient assimiler l'idée à la sensation ou au
mouvement réflexe, ne peuvent s'empêcher de
constater et de confesser la présence, ils l'appellent une force spéciale, un lien substantiel
qui unit les phénomènes psychologiques, *le moi.*
« Toutes nos sensations, dit Stuart Mill, sont
liées entre elles par un lien inexplicable; et
ce lien, à mon avis, constitue mon moi. »

Cette phrase citée par M. Francisque Bouillier (2) est extraite d'un ouvrage de James Mill,

(1) *Annales de philosophie chrétienne,* juin 1887, p. 227.
(2) Francisque Bouillier : *La vraie conscience,* p. 148.

père de Stuart Mill, annoté par ce dernier. Herbert Spencer avoue : « que l'esprit, tel qu'il est connu par celui qui le possède, est un agrégat d'activités ; et la cohésion de ces activités l'une avec l'autre dans l'agrégat, postule quelque chose dont elles sont les activités. »

M. Léon Dumont, dont les sympathies pour la nouvelle psychologie sont connues, se demande à son tour *où* et *comment* se produira la sensibilité, et comment elle se transmettra de l'un à l'autre phénomène ; et il semble rejeter cette transformation de l'âme en un paquet de phénomènes. Nous pourrions citer Hume, M. Taine et M. Fouillée qui, à défaut de l'âme, dotent les impressions, les sensations et même les images de certaines affinités, de tendances, de *forces* qui sont de véritables substances. M. Espinas relie les différents états de conscience, dont il fait des touts concrets, au moyen d'un consensus ou lien *substantiel ;* M. Ribot, tout en considérant les états de conscience comme des touts concrets (arbre, orange) dit : « que l'association est le fonds de ces phénomènes, quoiqu'elle ne les explique pas tout entiers (1). » Tous ces aveux sont une preuve de

(1) *La psychologie anglaise,* p. 425.

plus qu'il y a dans l'esprit humain autre chose qu'un simple rapport de succession ou de simultanéité de phénomènes; et que pour rendre compte de ce qui se passe dans la conscience on est forcé de revenir à *l'ancienne psychologie* par un biais, en faisant des phénomènes eux-mêmes de véritables unités substantielles et absolues.

Ce n'était pas la peine d'appeler le moi « un polypier d'images » comme M. Taine, « une somme de nos états psychiques actuels » comme M. Spencer, « un groupe de possibilités permanentes » comme Stuart Mill, « un composé instable de phénomènes de conscience » comme M. Ribot. Toute cette variété d'expressions plus ou moins claires et pittoresques n'en contredisent pas moins les affirmations précédentes, où l'on avoue qu'il a y en nous quelque unité centrale et permanente, par conséquent tout autre chose que la somme des phénomènes internes qui se succèdent les uns aux autres. M. Fouillée, comme nous l'avons déjà dit, va jusqu'à admettre des idées-forces, assimilant en quelque sorte l'activité intellectuelle à la force purement physique. Ce qui a pu donner naissance à la doctrine des idées-forces, c'est la théorie physique de l'équivalence des forces très en vogue à l'heure qu'il est. Les physiciens nous apprennent que les divers phénomènes physiques, comme la pesanteur, la chaleur, la lumière, l'électricité, le magnétisme peuvent se convertir les uns dans les autres, et ne forment au fond qu'une seule et même force qui n'augmente ni ne diminue : l'*éther*.

S'appuyant sur cette théorie admise aujourd'hui par la plupart des savants, les psychologues nous disent : Les vibrations de l'éther, sans être lumineuses, peuvent se changer en lumière d'une part; le mouvement, d'autre part, peut se transformer en chaleur et la chaleur en mouvement. Donc, une même force, l'éther, peut produire deux effets différents, mouvement et lumière; par conséquent, pourquoi le cerveau ne se manifesterait-il pas à la fois par des mouvements et des pensées, en vertu d'une transformation des uns dans les autres? Ce raisonnement renferme une tautologie et un sophisme qui ont pour cause une confusion.

La lumière et la chaleur peuvent s'entendre de deux manières fort différentes : objectivement et indépendamment de ma sensation, de la lumière sentie par moi; dans ce cas, ces phénomènes, s'il faut en croire les physiciens, ne sont que des mouvements vibratoires, et dire que les vibrations de l'éther se changent en lumière, revient à dire que les mouvements se transforment en mouvements; ce qui est une vraie tautologie et n'avance pas la question d'un pas.

En second lieu la lumière s'entend subjectivement, quand il s'agit de la lumière sentie par moi, d'une sensation consciente qui n'est rien sans moi, et alors, affirmer que les vibrations de l'éther se transforment en lumière signifie que cette transformation a lieu, si un *sujet sentant intervient*, ce qui est précisément en question; car il s'agit toujours d'expliquer comment ce qui est mouvement extérieurement peut déterminer intérieurement la sensation lumineuse. Le raisonnement de nos adversaires est réduit à ces termes : « Les mouvements imprimés au cerveau peuvent se changer en sensations parce qu'un cerveau peut changer le mouvement en sensation. » Mais, est-ce là autre chose qu'un argument *idem per idem*? partant, nulle conclusion possible à tirer de la transformation des forces contre l'existence d'un principe, spirituelle dans l'homme, de l'absolu psychologique.

Cependant on insiste et l'on ne se contente pas d'affirmer la théorie de la transformation du mouvement en sensation et en pensée en l'appuyant sur des comparaisons et sur des théories scientifiques. Pour donner à la nouvelle doctrine un semblant de vérité, on a essayé de faire la genèse de ces merveilleux changements et on a écrit l'histoire de l'évolution psychologique des phénomènes internes. Dans chaque état de conscience normal, il se passe deux faits purement physiologiques : une *première innervation* qui part de la surface du corps, remonte le long des nerfs sensitifs, — appelés aussi centripètes, — arrive aux centres nerveux et produit la sensation; une *seconde innervation* qui, partie des centres nerveux parcourt en sens inverse les nerfs moteurs — ou centrifuges — et aboutit au mouvement externe. On le voit, les nerfs sont de simples conducteurs, c'est-à-dire qu'ils transmettent l'excitation, soit du dehors au cerveau, soit du cerveau au dehors. L'encéphale (le cerveau, le cervelet, et la moelle allongée) est le centre, en ce sens que l'action se termine à lui ou part de lui. La moelle épinière est tantôt conducteur, tantôt centre, suivant qu'elle accomplit l'une ou l'autre fonction.

Jusque-là, tout le monde est à peu près d'accord, physiologistes et philosophes. Mais où commence le désaccord, c'est dans l'interprétation de la transformation du mouvement en sensation, d'un fait mécanique en fait sensitif, intellectuel ou volitif, transformation qui a lieu aux centres nerveux, comme nous venons de l'expliquer.

C'est là, en effet, que le merveilleux phénomène se passe; et précisément c'est dans l'explication de cet événement *nouveau* que la nouvelle psychologie diffère de l'ancienne. Les spiritualistes soutiennent que ce changement a lieu par l'intervention d'une substance immatérielle et spirituelle, l'âme, qui est toujours présente au corps et ne forme qu'un tout avec lui. Les nouveaux psychologues nient l'existence et la coopération d'un principe pareil et attribuent le phénomène psychologique à quelforce vitale ou mécanique, aux lois physiologiques ou aux lois physico-chimiques. Pour les uns, le cerveau et les centres nerveux sont les *organes* de la pensée, des conditions de l'accomplissement de l'événement moral; pour les autres, le cerveau et les centres nerveux sont les causes efficientes et productrices qui font jaillir, sécrètent en quelque sorte la pensée et la sensation, en vertu de leurs propriétés essentielles. A coup sûr le débat ne saurait être tranché avec le scalpel, ou le microscope : les faits de conscience échappent entièrement aux investigations du *cérébraliste* ou du vivisecteur, et y seront toujours rebelles. La science encore une fois ici est prise en flagrant délit d'ignorance, ce qui suffit pour établir la légitimité de la psychologie rationnelle.

Nous pouvons donc affirmer au nom de la science positive et expérimentale qu'il y a plus que du mouvement dans la *sensation*, plus que de la sensation dans l'intelligence, autre chose que de la force physique dans l'idée, partant une certaine science spéciale est de rigueur, et elle a précisément pour objet ce quelque chose, cet absolu qui échappe à l'expérience externe, l'âme, en un mot, substance spirituelle, libre, raisonnable, qui constitue la véritable distinction entre l'homme et l'animal; cette science, nous l'appelons la psychologie et elle est une des branches de la philosophie. Maintenons par conséquent la philosophie à côté de la science et qu'elles vivent en paix ensemble en se rendant des services réciproques.

Dans le problème de l'origine première de l'homme, il y a la question de *nature* et la question historique. Nous venons de voir que les savants sont obligés d'avouer qu'il y a une

10.

différence fondamentale entre l'homme et l'animal; examinons si les historiens aboutissent à la même conclusion et si dans la hiérarchie des êtres, l'homme est vraiment *hors rang* ou seulement au premier rang.

Nous sommes ici en présence de la doctrine monistique de la *descendance animale de l'homme*. Peut-on prouver historiquement, en remontant le cours des siècles, que l'homme a eu pour ancêtre un animal? Peut-on désigner la classe d'êtres vivants à laquelle appartient l'heureux père de l'humanité? Tel est bien le nœud de la question.

Disons tout de suite que si nous consultons la foi à ce sujet, nous obtenons pour réponse que « tous les hommes qui ont existé depuis Adam, qui existent aujourd'hui, qui font ou qui feront partie du cycle humain actuel, descendent d'un seul et même couple, du couple adamique (1). » Quant à la science, l'anthropologie positive affirme et démontre le monogénisme par l'organe de l'immense majorité de ses représentants, c'est-à-dire qu'elle assigne à l'humanité entière un même berceau, au centre du même continent. « Les groupes humains,

(1) M. Duilhé de Saint-Projet, *op. cit.* p. 328.

quelque différents qu'ils puissent être ou nous paraître, ne sont que les races d'une seule et même espèce et non des espèces distinctes. Peu de vrais savants, à coup sûr, refuseront d'admettre ce point de départ. Ils concluront avec les grands hommes dont je ne suis que le disciple, avec les Linné, les Buffon, les Lamarck, les Cuvier, les Géoffroy, les Humboldt, les Muller, que tous les hommes sont de la même espèce, qu'il n'existe qu'une seule espèce d'hommes (1). »

De nos deux prémisses, à savoir: la différence de nature entre l'homme et l'animal et l'unité de l'espèce humaine, nous tirons la conclusion qu'il y a eu un premier homme, véritablement homme, un couple humain, véritablement humain, tout aussi essentiellement distinct de la bête que l'homme actuel, par conséquent, que le père de l'humanité n'est pas autre qu'un homme.

Les données de l'observation et de l'expérience aussi bien que les déductions de la métaphysique, conduisent sûrement jusque-là, mais elles s'arrêtent là. Aucune des sciences anthropologiques ou préhistoriques ne sait rien,

(1) De Quatrefages : *L'espèce humaine.*

ne saura jamais rien en tant que science et en
vertu des méthodes qui lui sont propres, de la
condition intellectuelle ou morale du premier
homme, de ses dons gratuits, de ses privilèges
préternaturels ou surnaturels, cela est évident.
Sur tous ces problèmes que la philosophie naturelle peut pressentir, que la foi seule peut
éclairer, nous connaissons la réponse de la
science positive : « Je ne sais pas; *ignoramus,
ignorabimus.* » Science, philosophie, foi s'accordent donc à proclamer l'existence d'un premier couple humain, doué d'une vraie nature
humaine. Quant à déterminer les conditions
dans lesquelles le couple est apparu, la science
ne le peut, ni ne le pourra. Cependant le monisme anthropologique voulant appuyer sa conception *a priori* de la descendance animale sur
la réalité des faits, s'est heurtée à quelques difficultés : « quel est ou quel a été le dernier
terme de l'évolution animale, l'ancêtre immédiat de l'homme ? Aucun des singes anthropoïdes
actuels ne peut prétendre à l'honneur de le
représenter; les plus chauds partisans de la
descendance sont d'accord là-dessus. Le précurseur de l'homme n'existe plus parmi les vivants; ajoutons qu'il est introuvable parmi les
morts, pas le plus mince débris possible de son

squelette. Et cependant bien qu'on ne soit nulle
ment assuré de la chose, on s'est empressé de lui
donner un nom. L'Eozoon et le Bathybius, eux
aussi, avaient été baptisés avant terme. Seulement ici les parrains ont été moins heureusement inspirés, le nom proposé est moins poé-
tique et moins harmonieux. Notre précurseur
simien s'appellera, quand on l'aura découvert,
pithecanthrope ou *anthropopithèque*, selon qu'il
paraîtra se rapprocher davantage soit du singe,
soit de l'homme; ou bien encore *homo alalus*
le plus proche voisin de l'*homo sapiens* de Linné,
car il sera constaté que l'ancêtre immédiat de
l'homme et de la femme fut muet : la théorie
le veut ainsi (1). »

Charles Darwin sur cette délicate question,
se montre discret, et même un peu vague :
« Les simiadés se sont séparés en deux grands
troncs; les singes du nouveau et ceux de l'ancien monde; et c'est de ces derniers qu'à une
époque reculée a procédé l'homme, la mer-
veille et la gloire de l'univers, mais il faut le
dire, d'origine peu noble. L'homme descend
d'un mammifère velu, pourvu d'une queue et
d'oreilles pointues qui probablement vivait sur

(1) M. de Saint-Projet, *op. cit.*, p. 337.

les arbres et habitait l'ancien monde. Un naturaliste qui aurait observé les conformations de cet être l'aurait classé parmi les quadrumanes (1). »

Haeckel se montre beaucoup plus précis : « *L'homo primigenius*, dit-il, était très dolichocéphale, très prognathe; il avait des cheveux laineux, une face noire ou brune. Son corps était revêtu de poils plus abondants que chez aucune race humaine actuelle; ses bras étaient relativement plus longs et plus robustes; ses jambes au contraire, plus courtes et plus minces, sans mollets; la station n'était, chez lui, qu'à demi verticale et les genoux étaient fortement fléchis... Ce fut dans l'immense durée des temps tertiaires que les singes catharriniens, dont les griffes avaient déjà été transformées en ongles, durent perdre leur queue, se dépouiller partiellement de leurs poils; leur crâne cérébral prédomina sur leur crâne facial; plus tard les extrémités antérieures devinrent les mains de l'homme, les postérieures devinrent les pieds et ils se montrèrent enfin des hommes véritables par la graduelle transformation du cri animal en sons articulés. Le développement de

(1) *La descendance de l'homme*, chap. VI.

la fonction du langage entraîne naturellement celle des organes qui y correspondent, c'est-à-dire du larynx et du cerveau (1). »

Voilà l'être chimérique dont on voulait faire descendre l'homme; il n'est pas étonnant que parmi les savants transformistes eux-mêmes, cet être n'ait pas suscité de sérieuses discussions, bien que, selon le mot de Virchow, chacun ait le droit, en fumant son cigare au coin du feu, de dresser à sa façon un arbre généalogique. De là d'ailleurs, le peu d'accord qui existe parmi eux. Un des plus célèbres de ces savants a écrit : « Il pleut des brochures, des poésies et des bouffonneries même, dans lesquelles chacun accable son adversaire de raisonnements plus ou moins plaisants, de gros mots et de calomnies. Deux camps sont en présence : les uns sous la direction de M. Haeckel, soutiennent la parenté directe de l'homme avec le *vénérable* amphioxus et les ascidies; tandis que M. Semper et ses vaillants disciples luttent pour une parenté plus directe et plus rapprochée avec les annélides (2). »

Concluons en disant que la science n'a rien

(1) *La création naturelle.*
(2) Ch. Vogt : *L'origine de l'homme,* dans la *Revue scientifique,* 12 mai 1877.

de bien positif à nous dire sur le *premier homme*, qu'elle cède donc le pas à la philosophie et à la foi.

Il y a toutefois une science d'un caractère plus sérieux, qui consiste non plus à rechercher l'origine première de l'homme, à décrire la nature du premier homme tel qu'il est apparu sur la terre, mais à faire l'histoire primitive du genre humain, l'histoire des premiers hommes; c'est l'archéologie préhistorique qui existe à peine depuis un quart de siècle; celle-là pourra être féconde en résultats nouveaux et inattendus. Néanmoins ses difficultés sont très réelles, et la plus grave vient de son caractère encyclopédique. « La science préhistorique, dit M. Quatrefages, touche à la fois à l'anthropologie, à la géologie, à la paléontologie, à l'étude des minéraux et à celles des êtres organisés vivants et fossiles. C'est comme un carrefour où se croiseraient un grand nombre de routes, et où se rencontreraient des voyageurs, qui partis des points les plus divers, se communiqueraient leurs découvertes (1).

Cette science exige donc les connaissances et les aptitudes les plus diverses; de là la nécessité

(1) *Hommes fossiles et hommes sauvages*, p. 1.

d'avancer avec beaucoup de circonspection au milieu de ce chaos de faits, d'idées, d'hypothèses et de systèmes. Les premiers résultats méthodiques ont été des classifications d'un caractère provisoire et non définitif, comme il arrive pour toutes les sciences naissantes, mais néanmoins utiles quand elles reposent sur des bases sérieuses. On a d'abord déterminé trois époques successives et distingué les trois âges de la pierre, du bronze, du fer. C'est la classification archéologique d'après les types industriels, la matière, la forme, la perfection relative des instruments, des armes, des parures, etc. L'âge de la pierre a été subdivisé en trois périodes, *éolithique* ou de la pierre éclatée, *paléolithique* ou de la pierre taillée, *néolithique* ou de la pierre polie. La période paléolithique a été elle-même subdivisée de nouveau en quatre époques désignées par le nom de certaines stations préhistoriques où les divers types caractéristiques dominent.

Une autre classification appelée zoologique est faite d'après les espèces animales, successivement disparues ou émigrées qui dominèrent aux époques préhistoriques; époques de l'éléphant antique, du mammouth, du grand ours des cavernes, du renne, etc.

11

Dans le *Préhistorique* et dans le *Musée pré-historique*, M. J. Mortillet donne un tableau synoptique pour montrer les relations synchroniques de ces différentes classifications, mais lui-même les a déjà modifiées et certaines ont été fort compromises. — Nous voulons conclure de toutes ces synthèses préhistoriques à peine ébauchées, que cette science nouvelle est impuissante à rien nous dire de certain sur l'origine première de l'homme, mais que tout au plus elle pourra établir la loi universelle du développement progressif de la civilisation humaine depuis l'âge de pierre jusqu'à celui des métaux, jusqu'au temps où commence l'histoire, et en cela il y a harmonie parfaite entre la science et la foi, c'est-à-dire entre les révélations de la préhistoire et celle de la Bible (1). La science préhistorique pourra nous indiquer le berceau de l'humanité, mais non l'origine du premier homme. Cette question demeure donc tout entière réservée à la philosophie et à la théologie.

Après la question des origines, celle des fins? Quelle est la fin dernière du monde, quelle est en particulier la fin, la destinée de l'homme? A coup sûr aucun savant, ni physicien, ni chi-

(1) V. M. de Saint-Projet, *op. cit.* passim.

miste, ni géologue, ni astronome, ne pourra, en vertu de la méthode scientifique pure, donner satisfaction à l'esprit humain sur ces curieux et impitoyables problèmes. Que l'homme de la science, en étudiant les merveilleux phénomènes de la matière morte, de la vie végétative et de l'être organisé, en cherchant les lois admirables qui régissent ces trois mondes, y découvre de l'ordre, des moyens adaptés à des fins, de l'harmonie, un plan, nous ne le contestons nullement et nous serions bien étonné si le contraire avait lieu.

« Un jour, nous rapporte M. Caro, j'écoutais avec une curiosité émue l'illustre et regretté Claude Bernard, tandis qu'il m'exposait, dans une liberté superbe de spéculation, les conceptions les plus hautes sur les origines des êtres. — Mais c'est de la métaphysique que vous faites là, m'écriai-je. — Assurément, me répondit-il, et je vais aussi loin que possible dans cet ordre d'idées, auquel je crois *d'une autre manière*, mais tout autant qu'à l'ordre des faits dont je m'occupe tous les jours. La question est de ne pas mêler les méthodes (1). »

Dans ce passage, Claude Bernard montre le

(1) *Revue des Deux-Mondes*, 15 décembre 1883.

véritable rôle du savant qui est de constater les
faits, leur enchaînement, leur ordre, s'il va
au delà, s'il dépasse le cercle des connaissances
acquises en vertu de l'observation sensible, il
devient métaphysicien; voilà ce qu'a vu le grand
physiologiste. Il s'est donc bien gardé de confondre les deux méthodes et de soutenir telle
ou telle opinion, en qualité de savant, alors
qu'il se comportait en pur métaphysicien. Telle
n'est pas toujours la conduite de certains savants du jour; ils font de la métaphysique sans
en avoir l'air et tranchent des questions que
leurs méthodes ne sauraient atteindre.

Qu'ils s'en tiennent à la question de l'ordre
et de l'harmonie de l'univers, elle est assez
vaste, assez belle pour occuper les génies scientifiques les plus grands et les plus élevés.

Mais, chose curieuse, par besoin de faire de
la métaphysique et dans le but d'exclure l'idée
directrice, la puissance organisatrice de Dieu,
on nie l'ordre lui-même sans lequel pourtant
le monde n'est qu'un monceau de faits incohé-
rents.

« Tel est l'ordre dans la nature, dit M. Würtz,
à mesure que la science y pénètre davantage,
elle met au jour en même temps que la sim-
plicité des moyens mis en œuvre, la diversité

infinie des résultats; à travers ce coin du voile
qu'elle nous permet de soulever, elle nous
laisse entrevoir tout ensemble, l'harmonie et
la profondeur de l'univers (1). » Cette harmonie
se manifeste dans les infiniment grands, comme
dans les infiniment petits, selon M. Chevreul,
« dans la science de la mécanique et dans la
science des phénomènes moléculaires. » Un
autre grand physiologiste et penseur distingué
écrit : « Tout animal, tout être organisé, le vé-
gétal lui-même possèdent une fin propre. Rien
ne vit qu'à la condition de tendre à un but...
La fin est le commencement et la raison même
de l'institution vivante, et à mesure que cette
institution s'élève, la fin qui la domine apparaît
plus éclatante (2). » Nous croyons inutile d'in-
sister malgré les dénégations de certains monistes tels que Moleschott, Büchner, Strauss, etc.

Mais il ne suffisait pas de nier l'ordre du
monde pourtant si évident; il a fallu donner
une explication nouvelle, rendre un compte
rigoureux de toutes les traces d'intelligence, de
sagesse, d'harmonie qu'a laissées sur son passage l'auteur du monde quel qu'il soit. On a

(1) *Revue scientifique*, 22 août 1874.
(2) M. Chauffard : *La vie*, p. 318.

donc essayé d'inventer une philosophie qui ne
sorte pas du domaine de la science, mais qui soit
autre chose que de la science, sans songer que
c'était là s'enfoncer dans une impasse, selon le
mot de M. Denys Cochin (1). Car enfin, où vous
voulez faire de la science pure, ou vous voulez
faire autre chose. Si c'est de la science que vous
faites, servez-vous de ses méthodes et de ses
procédés propres; agissez en savant et ne soyez
que savant; si vous faites autre chose que de la
science, de la poésie, de la littérature, par
exemple, si vous vous occupez d'objets qui ne
tombent pas sous vos sens, et par conséquent
sont rebelles à nos instruments de physique ou
de chimie, avouez-le tout simplement, et ne vous
posez pas en savant, et n'émettez pas d'oracles
au nom de la science expérimentale et positive.

Ce n'est pourtant pas là ce qu'on fait. On
prétend au contraire expliquer *scientifiquement*,
au nom de la science pure, toutes les vérités
philosophiques et en particulier l'*ordre*, l'intelligence, qui règnent dans la nature. On a été
servi admirablement par la fameuse doctrine
de l'*évolution universelle*, la base de la philosophie nouvelle.

(1) *L'évolution et la vie.*

L'évolution ! Mon Dieu ! cette théorie ne mérite ni autant de haine, ni autant d'honneur qu'on lui accorde depuis une trentaine d'années. Certes, il y a évolution un peu partout, dans le monde physique, comme dans le monde moral, c'est un fait indéniable. L'évolution, qui, comme son nom l'indique, n'est que le mode de développement des choses, apparaît dans la matière minérale, dans la vie physique et dans la vie morale ; mais qu'est-ce donc que cette loi de l'évolution ; est-elle *uniforme* et *nécessaire* comme le prétendent les évolutionnistes? Ici, nous nous séparons des représentants de la nouvelle philosophie.

Ils soutiennent, eux, toujours au nom de la science, que la loi de l'évolution est : 1° éternelle, nécessaire, et mécanique ; 2° uniforme, générale et universelle.

Les philosophes spiritualistes croient à une évolution dont les lois sont contingentes, nullement nécessaires, mais faites par un créateur libre, intelligent et éternel, ils admettent une évolution particulière pour des objets de même nature, mais non une évolution générale, qui a pour principe la loi du mouvement transformé et fait sortir la vie de la matière morte et transforme la force en émotions, sensations et volontés.

Comment donc les évolutionnistes peuvent-ils savoir de par la science expérimentale que la loi de l'évolution est éternelle et nécessaire? Parce que l'atome est éternel, répondront-ils peut-être; mais alors, comment voulez-vous savoir que l'atome est éternel? Uniquement parce que, abusant de la méthode scientique, vous faites de la philosophie; la science expérimentale ne vous montre que des lois fixes, invariables, mais non nécessaires et éternelles.

Comment prétendez-vous savoir que la loi de l'évolution est uniforme, et s'applique également à la matière, à l'instinct, à la pensée, et que les forces physico-chimiques se transforment en forces vitales et celles-ci en forces psychiques et mentales? C'est que, outrepassant encore les règles de l'induction scientifique, vous faites de la métaphysique et de la philosophie. La physique et la chimie vous montrent des mouvements merveilleusement combinés suivant des lois fixes, c'est vrai, la physiologie vous montre des sensations correspondant à certains mouvements sans doute, mais laquelle de ces sciences vous apprend que le mouvement produit de la sensation, de l'émotion, de la pensée? Qu'elles nous fassent assister à ce curieux phénomène! A vrai dire, elles en sont complètement incapables, l'histoire se tait sur de pareilles transformations, comme nous l'avons vu, et la science pure ne nous fait voir que des transformations de forces en forces de même nature.

M. Ernest Naville dans la *Revue philosophique* (déc. 1885) ne craint pas de dire bien haut que personne n'a pu établir jusqu'ici *scientifiquement* le passage de l'être inorganique à l'être organisé, de la vie végétative aux phénomènes psychiques, ou même de la sensation aux phénomènes intellectuels et moraux. Des trois thèses fondamentales dont se compose l'évolution : la *variation*, le *progrès*, et *l'unité de développement*, M. Naville admet la première, concède la seconde mais avec réserve, et rejette absolument la troisième, ainsi que nous venons de le dire. Il reproche surtout aux évolutionnistes d'ajouter à leur thèse une idée préconçue, celle du *développement nécessaire*. Dans la *Critique philosophique* (avril 1886), M. Renouvier s'exprime de la même façon. Il remarque que la théorie de l'évolution ne peut expliquer la production de l'espèce et la déclare impuissante à fournir la genèse de l'esprit humain quant à la constitution des concepts et à la direction rationnelle et systématique de la pensée. En

11.

d'autres termes, l'évolution n'explique ni *l'ori-gine de la vie* ni celle de *l'intelligence*; elle doit se renfermer exclusivement dans la *formation* des espèces végétales et animales, en partant d'une *première* espèce végétale et d'une *première* espèce animale, car « spéculer sur l'origine ou cause première et sur un état de vie antérieur, c'est verser dans la métaphysique ».

Dans l'évolution biologique qui veut expliquer l'origine de la vie par la transformation des forces mécaniques physico-chimiques en forces vitales, l'évolution, psychologique qui prétend expliquer l'origine de nos phénomènes internes par la transformation des forces bio-logiques ou physiologiques en forces men-tales; l'évolution anthropologique ou la doc-trine de la *descendance animale* de l'homme qui cherche à expliquer l'origine première de l'homme par la transformation d'un certain animal préhistorique en homme, toutes ces évo-lutions, dis-je, outrepassent leurs droits et pro-mettent plus qu'elles ne peuvent tenir. Leurs auteurs d'ailleurs ne partagent nullement la con-fiance de certains disciples trop zélés et trop inté-ressés, et d'ailleurs on est encore loin de s'en-tendre sur le sens de ce grand mot : « évolu-tion. » Spencer avoue que la science ne nous fournit aucune idée de l'espace, du *mouvement,* du temps, de la *matière.*

Darwin attribue l'apparition de la vie sur la terre à l'action du Créateur. A propos de la question de savoir s'il existe un créateur, maître de l'univers, il dit que c'est là une « question à laquelle les plus hautes intelligences de tous les temps ont répondu affirmativement ». On sait que Darwin en voulait beaucoup à Mᵐᵉ Clémence Royer qui avait osé le représenter comme le Titan du matérialisme (1). Le darwinisme, le vrai, n'est donc pas athée, ni par conséquent transformiste dans le sens que nous venons d'indiquer. Mais la doctrine transformiste elle-même, selon M. Lyell (2), laisse aussi puissant que jamais l'argument en faveur d'un plan et par conséquent d'un architecte. M. de Hartmann, partisan de la théorie de la descendance, reconnaît que le progrès de l'organisation de l'univers ne peut être conçu « en dehors de l'action permanente d'une intelligence qui a conçu l'ordre, d'une volonté qui l'a voulu, d'une puissance qui le réalise » (3). Hartmann répudie

---

(1) *La descendance de l'homme,* trad. Barbier, p. 99 et 121.
(2) *L'ancienneté de l'homme.*
(3) *Le Darwinisme, ce qu'il y a de vrai et de faux dans cette théorie.*

donc l'explication purement mécaniste et reconnaît l'existence de l'ordre et de la finalité
dans le monde; il démontre que la *sélection naturelle*, aveugle, fatale, facteur principal de l'é-
volution mécaniste, doit être remplacée par la
sélection artificielle la plus clairvoyante, la plus
sagace, la mieux raisonnée et en même temps
la plus puissante; car elle ne se borne pas à
choisir les reproducteurs, elle fait surgir la variation dans la direction et dans la mesure qui
lui convient; elle la fixe en la transmettant
par hérédité, sans défaillance, sans dévia-
tion, sans lacune, en dépit des coups impré-
vus de l'atavisme, et de ce retour au type normal, vers lequel nos races les mieux assises se
précipitent dès qu'on leur abandonne les
rênes.

On le voit, le disciple de Schopenhauer admet une intelligence qui a conçu, une volonté
puissante qui a réalisé le plan harmonieux de
la nature vivante. Il admet un principe métaphysique, transcendantal, auteur de la finalité
dans l'évolution biologique à l'encontre des
théoriciens du mécanisme transformiste. Il se
trompe sur la véritable nature de ce principe
qu'il appelle *inconscient* et qu'il croit imma-
nent à la matière et se développant en elle;

mais enfin il en atteste l'existence, cela nous suffit.

Un transformiste bien connu, M. Albert Gaudry, professeur du Muséum, nous a laissé une belle page sur cette intéressante question. « Les paléontologistes, dit-il, ne sont pas d'accord sur la manière dont ce plan de la création a été réalisé; plusieurs, considérant les nombreuses lacunes qui existent encore dans la série des êtres, croient à l'indépendance des espèces et admettent que l'auteur du monde a fait apparaître, tour à tour les plantes et les animaux des temps géologiques conformément à la filiation qui est dans sa pensée; d'autres savants frappés au contraire de la rapidité avec laquelle les lacunes diminuent, supposent que Dieu a produit les êtres des diverses époques en les tirant de ceux qui les avaient précédés. Cette dernière hypothèse est celle que je préfère; mais qu'on l'adopte ou qu'on ne l'adopte pas, ce qui me paraît bien certain c'est *qu'il y a un plan*. Un jour viendra sans doute, où les paléontologistes pourront saisir le plan qui a présidé au développement de la vie.

Ce sera là un beau jour pour eux, car s'il y a tant de magnificence dans la nature, il ne

doit pas y en avoir moins dans leur agence-
ment général (1). »

D'ailleurs les premiers auteurs du transformisme sont loin d'être monistes. Lamark, le
vrai créateur du système, tout en s'efforçant
de saisir le *comment* de l'œuvre, respecte le
pourquoi de l'ouvrier. Les lois de la nature,
écrit-il, « ne sont que l'expression de la volonté de celui qui les a établies. » De Maillet,
également du dernier siècle, cherche à établir
l'orthodoxie philosophique de son système et sa
conformité avec la Genèse.

Nous terminons la liste de ces témoignages
autorisés par une belle page de l'auteur auquel
nous avons emprunté bien des détails sur la
valeur de la doctrine transformiste. « Oui, il
y a un plan, il y a finalité vivante, unité vivante, harmonie providentielle, intelligence,
volonté, puissance ordonnatrice. Les lois de
variation, de sélection, d'hérédité, de diver-
gence des caractères, etc., sont des lois téléolo-
giques, de simples instruments, dont la fin est
caractérisée par les noms mêmes qui les désignent. Le processus vital, dans son ensemble,

_____

(1) *Les enchaînements du monde animal dans les temps
géologiques.* Introduction.

n'est autre chose qu'une marche vers un but
préconçu, dans un ordre tracé d'avance. Le
strugle for life, le célèbre combat pour la vie,
est un admirable balancement qui produit
l'équilibre, une loi d'harmonie la plus féconde
peut-être de la nature entière, en détruisant,
elle conserve. Pas un être ne succombe sans
que d'autres soient soulagés ou frappés. Ce qui
ressort de ce vaste conflit sans réciprocité directe, c'est la paix, c'est la vie universelle, c'est
l'éclatante manifestation des causes finales dans
la nature. »

Puis, faisant ressortir la belle preuve de
l'existence de Dieu par les causes finales, il
ajoute : « Admettons un instant les doctrines
et les formules les plus avancées : Tous les êtres
furent d'abord des plastidules, des molécules de
matière, d'imperceptibles atomes d'hydrocarbure,
d'azote, atomes identiques pour les végétaux,
pour les animaux, pour l'homme. Voilà donc une
monère, une parcelle de matière invisible à l'œil
nu, infiniment petite, destinée à devenir un brin
d'herbe ou un chêne gigantesque, un infusoire, un
animal supérieur, un homme, un grand génie,
un héros. Toutes les merveilles de la nature
vivante décrites par les savants ou par les
poètes, toutes les harmonies, toutes les adap-

tations, toutes les formes, toutes les forces
réelles ou virtuelles sont concentrées, contenues
en puissance dans un point imperceptible. Si
par la pensée vous diminuez encore cet atome
de matière, la toute-puissance créatrice est
mise à nu ; l'investigation athée se rencontre
face à face avec le Dieu qu'elle prétendait
anéantir (1). »

Voilà donc l'évolution anthropologique également prise en flagrant délit d'impuissance à
suppléer la philosophie dans la question de la
finalité de la nature vivante. M. Richet admet,
lui, la finalité des choses et l'appelle « le grand
mystère de la vie terrestre (2). »

Il est à peine besoin de montrer l'insuffisance
de l'évolution quand il s'agit de la fin dernière,
de la destinée de l'homme. La science se tait
sur ce qui se passe dans le mystérieux au delà ;
elle est à bout d'arguments quand elle doit nous
renseigner sur notre sort futur, et satisfaire cette
impitoyable curiosité de savoir s'il y a une autre
vie ou si nous rentrons dans le néant après la
dissolution de notre organisme.

Mais en attendant, l'homme a besoin de ré-

(1) M. Duilhé de Saint-Projet, p. 320.
(2) *Essai de psychologie générale*, p. 155.

gler ses actes, de les conformer à une norme spéciale; il y a pour lui obligation d'agir de telle façon, dans telle circonstance, et ses actions, bonnes ou mauvaises, doivent avoir une sanction.

Eu égard à cette situation de l'homme, on a créé une morale scientifique, une science des mœurs, une sorte d'hygiène morale ayant pour objet d'indiquer à l'homme la route à suivre; « on s'est efforcé de réduire la morale à des groupes de sentiments ou d'habitudes utiles ou nuisibles ». Malheureusement, disons-nous aux partisans de la morale évolutionniste, la première condition manque à votre morale pour être une vraie morale : la *liberté*. Et puis « des faits si solidement liés qu'ils soient, peuvent-ils constituer une conscience morale et remplacer la raison? » Nous n'insisterons pas et montrerons seulement, avec M. Caro (1), comment ces nouveaux moralistes, après avoir détruit les fondements et les données de l'ancienne morale, s'efforcent par un étrange revirement d'idées de rendre à la doctrine empirique et évolutionniste, arrivée à son terme, le caractère auguste et sacré qu'ils répudiaient pour elle à l'origine. « C'est

_____

(1) *Revue des Deux-Mondes*, 1er février 1886, p. 515.

un spectacle assurément édifiant, dit l'éminent philosophe, de voir Stuart Mill, après avoir développé sa doctrine utilitaire et employé tant de ressources ingénieuses et d'habileté d'esprit à la dépouiller de tout *a priori*, reconstruire à son profit, d'une manière inattendue, ces idées d'*obligation* et de *sanction*, les mettre à son usage et parler avec une sorte d'attendrissement de cette nouvelle religion *du devoir* qu'il a fondée. N'est-ce pas là un fait significatif, que la nécessité des formes et des caractères de la morale rationnelle *s'impose*, de gré ou de force, à la morale positiviste, avec laquelle ces formes et ces caractères sont par définition incompatibles? On a détruit les idoles métaphysiques de l'obligation (1), de l'impératif catégorique, du devoir rationnel, des sanctions de la conscience, et voilà qu'on les rétablit par de singuliers détours de raisonnement, après leur avoir fait subir une sorte de purification préliminaire et de baptême expérimental.

Mais ne sent-on pas qu'on démontre par cela même *l'inévitable nécessité de ces principes*, l'im-

_____

(1) Voir l'ouvrage de M. Guyau : *Esquisse d'une morale sans obligation ni sanction.*

possibilité pratique de s'en passer; et ne craint-on pas d'inspirer à la raison humaine la tentation de revenir tout simplement à la source supérieure d'où ils émanent.

Partout, c'est la même fureur *logique de destruction* et partout se produit, aussitôt après la ruine des vieilles idées, le sentiment des grandes lacunes qui s'ouvrent devant les théories nouvelles, partout le sentiment des insuffisances pratiques qui forcent leurs auteurs de recourir à des expédients ou à des équivalents fort inefficaces, destinés à marquer la place vide plutôt qu'à la remplir.

On nous dit, par exemple, que la liberté est condamnée et par la physiologie et par la doctrine de l'universel déterminisme. La science a parlé, il faut s'incliner; il faut croire qu'elle a raison, à supposer qu'une pareille question soit de sa compétence. Mais aussitôt que le déterminisme a étendu son implacable niveau sur la vie humaine, chacun de ceux qui l'ont établi essaie d'y soustraire quelques portions de cette vie et de ramener, sous quelques déguisements, la réalité pratique qui n'est pas impunément méconnue. C'est Stuart Mill, par exemple, qui oppose aux motifs déterminants, présents à la conscience, la possibilité de susciter des motifs nouveaux, par lesquels s'il n'est pas détruit, du moins le déterminisme intérieur est déplacé. Quels sont donc ces motifs et quelle en est la portée? Ou bien, pour se réaliser en une volition, ils impliquent la liberté, ou bien, si l'adhésion à ces motifs n'implique pas un acte libre, si elle n'est qu'une autre forme du déterminisme, il ne peut être moral d'y adhérer, cette adhésion ne dépendant pas de nous. *N'y a-t-il pas là comme un retour indirect à l'ancienne et inévitable idée de la liberté?* »

Il en est de même des autres caractères absolus dont se compose toute morale sérieuse, tels que l'universalité, l'obligation, la sanction. A peine en a-t-on entrepris la démonstration scientifique, que saisi de repentir psychologique, assez mal dissimulé, on revient par quelque détour à la bonne vieille doctrine spiritualiste et chrétienne.

Cependant on nous parle quelquefois du progrès et de l'humanité future, pour laquelle il est beau de travailler. « Mais ce progrès aura-t-il le temps de se réaliser avant que la vie ait disparu de cette planète, et, d'ailleurs, à quoi bon, si ce progrès lui-même est destiné au néant? On s'agite, et pourquoi? Pour qu'à un jour plus ou moins lointain, un caprice des forces cosmiques retire du grand jeu qui se joue cette pièce qu'un autre caprice y a introduite par hasard ou par nécessité. Quant à l'humanité future, de quel droit prélèverait-elle une part si grande sur nos labeurs et nos sacrifices, s'il ne doit rien survivre, même un effet moral, à tous ces efforts, si ce capital immense de bonne volonté et de génie est la proie marquée d'avance pour le cataclysme final? Ce tourbillon d'atomes employé à la composition du monde actuel entrera lui-même dans d'autres combinaisons qui se succéderont sans fin, sans relation avec celle-ci, dans une éternité vide de tout souvenir. Cette justice réparatrice qu'on invoque, de quel côté de l'horizon brillera-t-elle? D'où peut-elle venir, puisque l'on a exclu la Raison suprême de l'explication des choses? Que restera-t-il des pensées d'un Aristote ou de l'héroïsme pieux d'un saint Vincent-de-Paul ou des calculs révélateurs d'un Newton, quand le soleil qui a éclairé un instant ces fronts sublimes, sera lui-même éteint?

Cette religion du progrès, ces espoirs sublimes, hypothéqués sur un infini sans pensée, et sans moralité, ne serait-ce pas encore une dernière mystification imposée à l'homme, qu'il vaudrait mieux laisser tranquille dans la réalité positive que lui donne la science et ne pas agiter ainsi de rêves mille fois plus vains que ceux dont les anciens dogmes l'avaient bercé. »

CONCLUSION

Si l'on a bien compris le sens de cette étude, on verra que notre but a été de formuler une loi de l'esprit humain, d'après les faits sous lesquels se révèle l'activité du principe pensant de l'homme.

L'unique objet de notre travail consistait à prouver que la doctrine du relatif, sous quelque forme qu'elle se présente — subjectivisme, positivisme, agnosticisme, criticisme, phénoménisme, — est un système contraire à la nature humaine et à l'expérience. Vous objectez qu'il ne s'ensuit pas que l'absolu existe, c'est nous reprocher de ne pas donner ce que nous n'avons pas promis : c'est faire le sophisme de *l'ignorantia elenchi*. Assurément nous sommes convaincu que l'absolu *existe* et que notre esprit peut l'atteindre — nous espérons le démontrer un jour — mais ici nous nous sommes proposé uniquement de prouver que nous avons besoin d'absolu et que nous ne pouvons nous en passer.

A la lumière de notre loi, nous sommes en mesure maintenant d'apprécier et de juger les systèmes antispiritualistes, ou opposés à la philosophie de l'absolu, qui sont en vogue dans le temps présent, et en particulier les trois les plus importants : la *relativité de la connaissance,* le *positivisme* et le *phénoménisme.*

L'absolu ou Dieu, c'est l'*Inconnaissable!* Voilà ce que nous disent Hamilton, Mansel, Spencer, conformément à la doctrine de la relativité. Quelle étrange situation pour l'homme! On fait miroiter à ses yeux l'infini, l'absolu et on lui annonce en même temps qu'il ne peut rien en savoir; on creuse devant l'homme un abîme, on le conduit jusqu'aux bords, puis tout à coup on le ramène en arrière; on lui ouvre la perspective de régions supérieures et éternelles, et aussitôt on arrête l'élan de son cœur qui le porte vers le mystérieux au delà!

Quelle cruauté, quelle ignorance de la nature humaine! Hé quoi! ne savez-vous pas que l'infini et l'incertitude de la destinée donnent le vertige à l'homme? A quoi bon exciter la curiosité de l'esprit humain par d'immortels espoirs,

si vous le privez du moyen de la satisfaire?
Pourquoi irriter ses désirs et ses appétits intellectuels, et en même temps lui défendre de les
assouvir? Car, remarquez-le bien, il ne suffit
pas de rétablir, par la volonté ou la croyance,
ces vérités déclarées inconnaissables ; l'homme
rejette promptement ce que son intelligence lui
présente comme inconcevable ou inaccessible.
D'ailleurs, pourquoi l'homme est-il devenu à
notre époque un être si inquiet, j'allais dire si
ombrageux, livré à une mélancolie maladive
qui le ronge? N'est-ce pas parce qu'il n'y a plus
de proportions entre ses instincts supérieurs et
les doctrines qu'on lui enseigne? Soyez donc
moins cruels et plus *logiques;* comblez l'abîme
ou supprimez-le; mais, de grâce, n'infligez pas
à l'humanité le supplice de Tantale!

Ce que les partisans de la relativité du savoir
n'ont pas osé faire, les positivistes se sont
chargés de l'accomplir. Ceux-ci commandent à
l'homme de ne s'occuper ni de l'origine, ni de
la fin des choses, ils lui imposent un programme
d'abstention complète. Il n'existe, selon le positivisme, ni cause ni substance; ou, du moins,
l'homme n'a à se prononcer ni sur la cause première ni sur sa propre destinée; il doit s'abstenir de toute métaphysique, et se contenter

12 .

de l'étude pure et simple des phénomènes et de
leurs rapports.

Assurément c'est là un singulier programme
et qui, nous l'avons vu, n'a même pas été
maintenu par les chefs du positivisme, tels que
Comte et Littré! De quel droit posez-vous des
limites si arbitraires à l'esprit humain? Qui vous
autorise à lui interdire la recherche du dernier intelligible? Quel intérêt voyez-vous à ce
qu'il soit mutilé de la sorte? Vous qui prêchez
partout la foi scientifique et le progrès, vous
osez retenir l'homme dans la sphère étroite et
gênante du relatif et des phénomènes. Vous
arrêtez son essor quand sous l'impulsion d'indomptables curiosités et d'immuables instincts,
il se sent à chaque instant entraîné à dépasser
la région des faits sensibles et des lois démontrables pour atteindre la source supérieure de
toute force et de toute substance (1)!

Quelle illusion! Cet état suspensif est chimérique et absolument impossible; il est con-

(1) « S'il est un fait hors de toute contestation, c'est que
l'homme croit *à l'absolu*, qu'il le poursuit de ses vœux les
plus ardents, qu'il s'attache à lui de toutes ses forces. Il
peut se tromper, il se trompe souvent sur l'objet de sa foi
et de son culte ce qu'il croit la vérité immuable n'est pas
toujours la vérité!... mais quand il donne son esprit ou
son cœur, ce n'est pas *au relatif*, reconnu comme tel qu'il
le donne. » M. Vallet, *op. cit.* p. 92.

traire à la nature humaine. La neutralité que vous lui imposez sera toujours rompue, quoi que vous fassiez. Sollicité sans cesse par des visions qui hantent sa pensée, tourmenté par les graves problèmes qui surgissent, malgré lui, dans son esprit, l'homme penchera pour l'affirmation ou pour la négation, et le retour à une métaphysique quelconque deviendra inévitable. C'est, en effet, ce qui est arrivé aux disciples de Comte; et cette infidélité si immédiate et si manifeste au programme d'abstention du maître, constitue une nouvelle preuve en faveur de la loi que nous signalons.

Il ne sert à rien de tromper les exigences intellectuelles et morales, les instincts métaphysiques de l'homme en lui persuadant que le monde et l'humanité sont dans un écoulement perpétuel, qu'il n'y a rien de stable, de fixe, de permanent au milieu de la complexité des phénomènes qui nous entourent, qu'en un mot, rien *n'est*, mais que tout devient. Avec une pareille perspective, l'homme peut s'abuser un instant; nul cependant n'a pu se contenter des négations de l'école critique, ni du phénoménisme universel. « L'intelligence de l'homme a certaines tendances presque *irrésistibles* et ni l'éducation ni l'instruction ne sauraient lutter

contre elle (1). » Chaque philosophe a cherché
un point de repère au milieu des phénomènes
de ce monde, un point d'appui aux choses et
aux idées ; chacun dans ses recherches et ses
méditations, a rencontré un point d'arrêt et a
fini par se rallier à quelque absolu. Qu'il l'ait
trouvé dans la psychologie ou dans la morale,
dans la logique ou dans la science, dans l'art
ou dans la littérature, peu importe, le simple
fait suffit pour la démonstration de notre thèse.

« Que prouvent, après tout, ces appels à la
vie spirituelle et ces protestations en faveur de
l'idéal, sinon que l'âme ne se laisse pas en-
fermer dans l'horizon des faits sensibles, qu'elle
ne pourra jamais s'acclimater dans le monde
du mécanisme, qu'elle a besoin de respirer
du côté des idées? Et c'est pour cela qu'elle
cherche obstinément son issue vers la lumière,
vers la raison. Rassurons-nous donc, malgré
tous les efforts conjurés de la science positive
et de la critique sur le lendemain de l'humanité, que l'on se représente si morne et si triste
quand les dogmes auront disparu en philosophie comme ailleurs. Ces dogmes ne sont jamais plus près de renaître qu'au moment où

(1) M. Charles Richet, *Essai de psychologie générale*, p. 170.

l'on croit qu'ils finissent. Ils renaîtront, mo-
difiés peut-être dans la lettre qui les exprime,
non dans l'esprit qui fait leur vie impérissable.
Ne laissons pas tomber à terre, sans les relever,
ces espérances et *ces paroles de foi échappées à
quelques* penseurs *dont la science n'a pas rempli
l'attente* et qui *cherchent au delà, sans trop se
soucier s'ils se contredisent.* Recueillons ces promesses et ces gages. C'est un désaveu des théories désolées avec lesquelles ils semblaient
avoir fait un pacte ; c'est le témoignage que la
vie n'a de prix qu'à la condition qu'elle trouve
dans l'idée du bien son principe et son terme ;
c'est aussi la preuve que le divin console mal
de Dieu. Et, quant à cette idée même du divin,
si abstraite et si vague, qu'aurait-on à répondre
à un physicien ou à un chimiste qui demande-
rait de quelle expérience on a tiré une pareille
notion, introduite à l'improviste sur la scène?
Il faudrait bien avouer qu'elle vient d'ailleurs
et de plus haut, et qu'elle se rattache à cette
philosophie perpétuelle, la *perennis quædam phi-
losophia* que célébrait Leibnitz (1). » (M. Caro.)
Cette *perpétuelle philosophie* c'est celle qu'affirme et enseigne le spiritualisme traditionnel

(1) *Ibid.*, p. 510.

et chrétien qui défend l'absolu partout où il se rencontre, sous toutes les formes où il se manifeste.

Et si la loi que nous venons de signaler est la condamnation de toute philosophie contraire, elle est, en revanche, une preuve éclatante et positive du spiritualisme. En effet — fait bien curieux de l'histoire de la philosophie contemporaine — toutes les notions absolues, défendues à travers les siècles jusqu'à nos jours, par le vrai et pur spiritualisme, et éliminées successivement par les écoles philosophiques de différents pays et de différentes époques, reparaissent aujourd'hui les unes après les autres, et sont réintégrées par l'un ou l'autre des systèmes hostiles, à titres divers, aux doctrines spiritualistes.

L'école anglaise contemporaine, et surtout Lewes, s'inscrit en faux contre le positivisme français, qui exclut la psychologie ou la métaphysique du domaine de la philosophie.

M. Spencer défend l'idée d'un *Etre absolu* ou Dieu contre l'école de Hamilton. Il reconnaît un mystère au terme de la science, de la métaphysique ou de la religion. Ce mystère cache et révèle à la fois « sous le *nom de l'absolu* » une *réalité transcendante*, impénétrable dans son essence, en qui se résument les dernières idées de la métaphysique et de la science. Et si, dans le langage positiviste, on prétend que l'absolu est inconnaissable sous le côté logique, il ne l'est pas autant sous le côté psychologique, car dit Spencer : « *nous en admettons tacitement l'existence; ce seul fait prouve qu'il a été présent à notre esprit*, non en tant que rien, mais en tant que quelque chose. »

D'ailleurs la genèse de l'absolu est fort curieuse. Cette idée semblait avoir définitivement succombé dans l'évolution du positivisme. Mais l'absolu s'est vengé et s'est relevé bien vite sous le nom d'inconnaissable, « d'abord avec des prétentions modestes, se distinguant à peine du néant; puis l'ambition lui est venue, même *l'ambition d'exister*; il travaille pour devenir *une réalité*. Il a poussé plus loin encore son audace renaissante. Il a usurpé une sorte de *personnalité*, métaphorique évidemment, mais, en pareille matière, les métaphores sont graves (1). »

Stuart Mill, peut-être aussi M. Taine, admettent le *moi* ou l'*âme*, ou du moins quelque chose de plus que de simples états de conscience

(1) M. Caro : *Ibid.*, p. 509.

comme le veulent les associatonnistes anglais.

De son côté M. Léon Dumont a restitué à la philosophie les importantes notions de *substance et de force* ou *cause*, écartées ou niées par le positivisme. L'idée de *cause* est même, d'après M. Richet, une forme de notre intelligence et fait partie de notre constitution psychique (1).

Le caractère absolu du devoir est hautement proclamé par Kant et Hamilton ; par MM. Renouvier, Berthelot, Vacherot, contre les doctrines empiriques de l'intérêt, de la passion, de l'hérédité.

MM. Dollfus, Delbœuf et Berthelot, même les partisans de la morale indépendante, revendiquent le *libre arbitre* pour l'homme, condamnant ainsi le fatalisme ou le déterminisme psychologique.

M. Renouvier se montre très décidé sur l'idée de l'immortalité personnelle, à l'encontre de certains philosophes, plus poètes que métaphysiciens, qui inondent la France de romans sur la vie future.

M. Lachelier admet le principe de causalité et celui des causes finales, réjeté par cer-

_____

(1) *Essai de psychologie générale*, p. 170.

taines écoles positivistes ou évolutionnistes. On
sait aussi que M. Taine défend le principe de
causalité. Rappelons que M. Robin abandonna
Littré dans la question de la finalité.

Le principe logique de contradiction, les
axiomes mathématiques, niés ou défigurés, ou
mal appliqués par Hegel, Stuart Mill, Littré,
sont aujourd'hui presque universellement re-
connus, même par M. Renan.

M. Boutroux nous a montré qu'à tous les
étages de la nature, il y a une véritable addition, un principe d'une nature spéciale et différente dans la *matière*, dans la *vie*, dans la
pensée : c'est la condamnation de l'universel
devenir, de l'évolution et du transformisme
monistes.

La science enfin, qui nous fait passer du relatif à l'absolu en nous découvrant les lois invariables et fixes des êtres et des phénomènes
existant en dehors de nous, la science, dis-je,
nous préservera du subjectivisme de Protagoras,
renouvelé par M. Grote et surtout de l'idéalisme phénoméniste contemporain ; deux systèmes qui confondent le sujet avec l'object, la
pensée avec l'être, l'idéal avec le réel.

C'est ainsi que le spiritualisme tout entier se
trouve être reconstruit par ses adversaires d'au-

jourd'hui. Quelles conséquences pouvons-nous tirer de ce fait, à coup sûr un des plus remarquables de l'histoire de la philosophie? C'est que le spiritualisme est le système le plus logique, le plus sensé, le plus humain, non seulement comme étant le plus conforme à la nature immuable de l'esprit humain, mais aussi comme étant celui auquel ses adversaires eux-mêmes aboutissent, sciemment ou à leur insu, dans leurs spéculations philosophiques, et duquel, par conséquent, ils ne peuvent s'empêcher de reconnaître la profonde et solide vérité.

Telle est donc LA LOGIQUE DE L'ABSOLU que l'homme, quoi qu'il fasse, ne peut ni se passer d'absolu en général, ni se passer des vérités absolues qu'a, de tout temps, soutenues le spiritualisme. Que donc les spiritualistes convaincus s'affermissent de plus en plus dans leurs convictions; que les spiritualistes hésitants et pusillanimes, qui ont subi la mortelle influence de la philosophie sceptique du relatif, se rassurent et reviennent au vrai spiritualisme qui défend l'absolu partout où il se trouve; que ses adversaires, quels qu'ils soient, qui cherchent sincèrement la vérité, ne dédaignent pas de prendre en sérieuse considération la notion de l'absolu.

Car nous croyons, pour notre part, que l'abandon de l'absolu est la cause du malaise social et de la « maladie de l'idéal (1) » qui règnent en France et que le retour à l'absolu et surtout à la foi catholique, qui en est la meilleure garantie, sera le remède des maux dont souffre la société moderne. M. Scherer lui-même le reconnaîtra un jour, et au lieu de s'écrier, comme autrefois, que « l'absolu est mort dans les âmes » ou de proclamer, comme il y a cinq ans, que le mal « est dans le caractère absolu que revêtent les notions (2) », il répétera peut-être avec nous : L'ABSOLU, VOILA NOTRE SALUT !

(1) Voir M. Caro : *Revue des Deux-Mondes*, 15 février 1883.
(2) Voir le journal le *Temps*, 27 mai 1882, à propos de la réception de M. Cherbuliez à l'Académie française.

TABLE

Paris. — Imprimerie de G. Rougier, rue Cassette, 1.

www.ingramcontent.com/pod-product-compliance
Lightning Source LLC
Chambersburg PA
CBHW060025100426
42740CB00010B/1597